APOCALIPSIS
Lo que tiene que suceder pronto

Serie Esdras:
Escudriñar, practicar, enseñar

Escrito por Juan Kennington
Editado por Benjamín Hernández y Esmeralda Sandoval

Primera edición, 2018
Segunda Edición (corregida, revisada y ampliada), 2025

CONTENIDO

La Serie Esdras: Escudriñar, practicar, enseñar toma su nombre de la descripción de aquel escriba y sacerdote del tiempo del exilio: "Esdras se había dedicado por completo a estudiar la ley del Señor, a ponerla en práctica y a enseñar sus preceptos y normas a los israelitas" (Esdras 7:10,).

Esta serie de estudios persigue los tres objetivos listados en este versículo, que le lector: 1) Escudriñe la Palabra de Dios; 2) Practique la Palabra de Dios; y 3) Enseñe a otros la Palabra de Dios.

Con estos objetivos, ponemos a disposición del pueblo de Dios, esta serie de estudios producidos por Juan C. Kennington, cuya labor de escritura, enseñanza y publicación de múltiples materiales ha sido esencial en la formación bíblica y teológica de generaciones de misioneros en el campo estudiantil, pastores y maestros.

Consideramos que su profundo análisis bíblico, y los desafíos que plantea para el creyente contemporáneo son fortalezas de los estudios que conformarán, libro por libro, esta serie. El autor nos lleva, con su característico celo y amor por la Escritura, y su cosmovisión cristocéntrica, a reflexionar en el significado de cada libro de la Biblia, y sus implicaciones para nuestro mundo hoy.

El formato de la Serie Esdras: Escudriñar, practicar, enseñar está determinado por el triple objetivo que hemos mencionado. A lo largo del estudio se le pedirá al lector que realice investigaciones bíblicas, completando cuadros, analizando información y haciendo observaciones. Esto es con el fin de que escudriñe de cerca y por sí mismo la Palabra de Dios.

Además, encontrará preguntas de reflexión, que buscan conectar lo aprendido con el día a día; y hallará una gran variedad de aplicaciones contemporáneas, que le desafiarán a tomar acción. Estos elementos intentan ayudar a que el lector practique la Palabra de Dios, y encuentre las formas de hacerlo a nivel personal, en su comunidad de fe, y como iglesia de Cristo en el mundo.

Por último, para animar a que el lector y estudiante de la Biblia enseñe a otros la Palabra de Dios, hemos organizado el material de manera que puede ser impreso y reproducido como base para dar un taller, una clase o como material apoyo para llevar un estudio bíblico en grupos pequeños.

Esperamos que este breve, pero sustancioso libro sea de edificación, y contribuya al estudio, práctica y enseñanza de la Palabra de Dios, animando a todos los seguidores de Jesús a ser testigos fieles del mensaje que él nos ha llamado a proclamar.

Equipo de en arjé publicaciones,
Ciudad de México, febrero de 2013.

Introducción al Apocalipsis

¿Cuál es el libro de la Biblia que más ha influenciado la historia de América Latina? Posiblemente el libro de Apocalipsis. Vemos esto por su idea del milenio y reino de Dios que espesan la esperanza para un futuro ideal, además de que el libro ha sido usado por muchas ideologías políticas.

El propósito de este material es estudiar el libro de Apocalipsis y no el final de los tiempos, que es tarea de la rama de la teología conocida como escatología. Es necesario comprender el libro en sí antes de hacer las conexiones al resto de la Biblia. Expondremos una interpretación entre muchas. No vamos a ver las comparaciones entre las interpretaciones, con el fin de ser breves. No se pueden comparar las interpretaciones si no se comprende bien por lo menos una.

Nos proponemos, pues, dar una breve presentación del libro de Apocalipsis buscando entender el libro en el contexto de los lectores originales, también explicando el significado que tiene para todos los cristianos.

Apocalipsis da esperanza a los cristianos que están siendo perseguidos por el Imperio. Al leer el libro, hay que tener en mente: ¿Cuáles son los aspectos de esperanza que están presentes en cada sección? ¿Cuáles son las advertencias? ¿Cómo se describe la actividad de Dios?

El autor

Apocalipsis fue escrito por el apóstol Juan al final del primer siglo del cristianismo, probablemente del año 90 al 98. Aparentemente, mientras pastoreaba la iglesia de Éfeso, lo desterraron a la isla de Patmos por predicar el evangelio. Juan fue el último de los apóstoles en morir y la tradición dice que murió por vejez, encarcelado.

Los destinatarios y el propósito del libro

El prólogo y el epílogo nos muestran el propósito de Juan, sus destinatarios y los problemas que quiere abordar. En ambos, prólogo y epílogo, Juan aclara que está escribiendo a la iglesia. Él cree que sus destinatarios pueden entender, guardar y aplicar los contenidos del libro a sus vidas.

El prólogo del libro

Apocalipsis explica las causas de las cosas que tienen que suceder, nos muestra la forma en que Dios gobierna este mundo y la forma en que Él nos comparte su manera de pensar. Los destinatarios del libro debían predicar su mensaje y este sería de bendición a la iglesia, la cual vivía tiempos difíciles.

> *Ésta es la revelación[1] de Jesucristo, que Dios le dio para mostrar a sus siervos lo que sin demora tiene que suceder. Jesucristo envió a su ángel para dar a conocer la revelación a su siervo Juan, quien por su parte da fe de la verdad, escribiendo todo lo que vio, a saber, la palabra de Dios y el testimonio de Jesucristo. Dichoso el que lee y dichosos los que escuchan las palabras de este mensaje profético y hacen caso de lo que aquí está escrito, porque el tiempo de su cumplimiento está cerca.*
> Apocalipsis 1:1-3

---

1 La palabra "revelación" en griego es apocalipsis (ἀποκάλυψις).

El estilo Apocalíptico

Estos tres versículos forman la introducción apocalíptica del libro y vinculan el Apocalipsis con el estilo de los apocalípticos que inició en el Antiguo Testamento. Estos libros son Isaías, Ezequiel, Daniel y varios de los profetas menores. Estos profetas comunicaron la idea de que Dios es soberano y la difícil situación del pueblo con un contenido simbólico.

El estilo espistolar

A diferencia de otros apocalipsis Juan se dirige en un estilo epistolar a iglesias específicas de Asia Menor. Estás iglesia son: Éfeso, Esmirna, Pérgamo, Tiatira, Sardis, Filadelfia y Laodicea. Esto vincula los contenidos a la situación de las iglesias presentes en el primer siglo en un lugar físico e histórico que tenemos que tomar en cuenta para su interpretación.

El epílogo del libro

El contenido de este libro debe ser divulgado y compartido por sus destinatarios:

> *También me dijo: "No guardes en secreto las palabras del mensaje profético de este libro, porque el tiempo de su cumplimiento está cerca. Deja que el malo siga haciendo el mal y que el vil siga envileciéndose; deja que el justo siga practicando la justicia y que el santo siga santificándose".*
> Apocalipsis 22:10-11

Los destinatarios del libro

Claramente identificamos a la iglesia como el destinatario de Juan:

> *Yo, Juan, escribo a las siete iglesias que están en la provincia de Asia.*
> Apocalipsis 1:4

Los destinatarios son cristianos. Juan escribe a los cristianos que están aquí en la tierra... antes de la segunda venida, la cual se encuentra en el final del libro. Juan define a sus destinatarios como cristianos que han lavado sus ropas y que están buscando agradar al Señor; su deseo es dar aliento a la iglesia:

> *¡Miren que vengo pronto! Traigo conmigo mi recompensa, y le pagaré a cada uno según lo que haya hecho. Yo soy el Alfa y la Omega, el Primero y el Último, el Principio y el Fin. Dichosos los que lavan sus ropas para tener derecho al árbol de la vida y para poder entrar por las puertas de la ciudad. Pero afuera se quedarán los perros, los que practican las artes mágicas, los que cometen inmoralidades sexuales, los asesinos, los idólatras y todos los que aman y practican la mentira. Yo, Jesús, he enviado a mi ángel para darles a ustedes testimonio de estas cosas que conciernen a las iglesias. Yo soy la raíz y la descendencia de David, la brillante estrella de la mañana.*
> Apocalipsis 22:12-16

La advertencia

El mismo libro advierte contra agregar o mezclar el Apocalipsis con otros conceptos ajenos a él mismo.

> *A todo el que escuche las palabras del mensaje profético de este libro le advierto esto: Si alguno le añade algo, Dios le añadirá a él las plagas descritas en este libro. Y si alguno quita palabras de este libro de profecía, Dios le quitará su parte del árbol de la vida y de la ciudad santa, descritos en este libro.*
> Apocalipsis 22:18-1

La historia de la interpretación de Apocalipsis

A lo largo de la historia ha habido un sin fin de interpretaciones del fin del mundo que han hecho daño a la iglesia de muchas maneras:

> a) Algunos han vendido todas sus posesiones y se han reunido en las montañas para esperar la venida de Cristo (Montano y Miller, Camping, Hal Lindsey, entre mucho otros).
> b) Otros han emprendido conquistas militares para establecer el reino de Dios dentro y fuera de la Tierra Santa (Las Cruzadas y la conquista espiritual de México).
> c) Algunos, incluso no cristianos, han predicho el fin del mundo a causa de una catástrofe (Nostradamus, interpretaciones de profecías mayas: 2012, Al Gore: calentamiento global, etc.)

Breves de la historia de la interpretación del Apocalipsis

La interpretación del Apocalipsis ha sido variada desde los tiempos en que fue escrito. Buenos cristianos han propuesto diversas interpretaciones y han tenido mucha influencia en la historia cristiana y secular. A continuación, mencionamos varias con el fin de que no seamos intolerantes con los que están de acuerdo con ellas. Seamos cautelosos.

Personaje	Época	Resumen de su interpretación
Justino Mártir	(100-165)	Creía que Cristo iba a regresar a la tierra y establecer su reino, que duraría mil años. Pensaba que esto iba a ocurrir mientras él mismo seguía vivo. Ésta es la enseñanza premilenial.
Hipólito	(254)	Creía que los sellos, las trompetas y las copas eran juicios de Dios que iban a ocurrir al mismo tiempo.
Ticonio	(330-390)	Miembro de una secta llamada "donatismo", entendió los mil años como el periodo de la iglesia (desde la resurrección de Jesús hasta su segunda venida).
Agustín de Hipona	(356-430)	Adoptó la interpretación de Ticonio. Esta interpretación recibe el nombre de amilenialismo.
Papa Silvestre I	(1000)	Pensaba que Cristo iba a regresar en el año 1000 para establecer su reino.
Las Cruzadas	Edad Media	Buscaban ayudar a los cristianos a poseer la tierra prometida y tener el lugar bajo el control cristiano y estar listos para la venida de Cristo.
Joaquín Flores o Joaquín de Fiore	(1132-1202)	Creía en una escatología (o el final de los tiempos) de tres eras: - La Era del Padre fue el Antiguo Testamento. - La Era del Hijo era el tiempo de la iglesia y terminaría en 1280. - La Era del Espíritu Santo empezaría en 1280. En este tiempo los monjes iban a establecer el Reino de Dios desde los monasterios. Muchos Franciscanos que llegaron a México tenían esta escatología.

Tomás Munzer	(1490-1525)	Quería establecer el reino de Dios por la fuerza en Alemania. Él es considerado hoy un precursor del comunismo.

Durante la Reforma, los protestantes llamaban "anticristo" al Papa. Para evitar ese título, el Papa pidió a los jesuitas que trabajaran en una escatología en la que no fuera posible llamarle "el anticristo". Luis Alcázar y Francisco Ribera crearon estas escatologías para el Papa.

Personaje	Época	Resumen de su interpretación
Luis Alcázar s.j.	(1614)	Pensaba que la tribulación ya había terminado y que el milenio había empezado con la conversión de Constantino en 313, momento en el que el Emperador unió a la iglesia con el Estado, y proclamó al cristianismo como la religión oficial del Imperio. La interpretación preterista (refiriéndose al pasado) establece que el Apocalipsis se limita principalmente a los que originalmente recibieron la carta, es decir aquellos que vivieron alrededor del año 100 d.C.
Francisco Ribera s.j.	(1537-1591)	Interpretó que los eventos de Apocalipsis cuatro en adelante son futuros al tiempo de la iglesia. La tierra va a pasar por una tribulación antes de la venida de Jesús. Él vendrá a reinar por mil años. Esta es la concepción futurista.

Dos interpretaciones del siglo XIX que tuvieron relevancia son:

Personaje	Época	Resumen de su interpretación
Guillermo Miller	(1844)	Predijo que Cristo iba a regresar a la tierra y animaba a los cristianos a vender todas sus posesiones y esperarle en la cimas de las montañas de los EEUU.
John Nelson Darby	(1875)	Adaptó el futurismo y lo introdujo al entorno evangélico. Su sistema de interpretación toma el nombre de dispensacionalismo. Hoy en día lo encontramos en la Biblia de Estudio de Scofield.

Conclusiones de la historia de la interpretación

Las interpretaciones del Apocalipsis más populares buscan dejarlo como parte del futuro o del pasado. Estas interpretaciones hacen imposible que el Apocalipsis influya en el entendimiento del mundo en los últimos 2000 años, mientras que las preteristas hablan de eventos que no son relevantes para el mundo actual. Los que han tratado de interpretar el Apocalipsis como eventos aislados no han aportado algo significativo a nuestro entendimiento y solo causan confusión.

Pero la hermenéutica de la Biblia dice que cada libro ha sido escrito para una audiencia histórica específica y si no tiene significado para esta audiencia original, tampoco tiene importancia para nosotros.

Con tantas interpretaciones uno debe tener cuidado de evitar el dogmatismo en posturas absolutistas. Siempre debe haber tolerancia cuando hay tanta divergencia de opinión.

Contexto histórico: El choque entre dos soberanos

Para poder interpretar correctamente Apocalipsis tenemos que investigar qué estaba sucediendo cuando fue escrito. De lo contrario nuestra comprensión no será apropiada. Algunos datos importantes: Cuando Juan escribió el Apocalipsis la salud era muy precaria. Cualquier infección o enfermedad podría causar la muerte. No había derechos humanos para proteger a las personas de empresas o gobiernos que actuaran en su contra. Los emperadores pretendían ser gobernantes absolutos. Nadie podría retar su poder o autoridad y sobrevivir.

Domiciano (César de Roma, 81-96 d.C.) se declaró divino. Se hacía llamar *"Dominus et deus noster Domiciano"*, es decir, "nuestro señor y dios Domiciano". Siendo "dios", era celoso y quería que todos los infieles pagaran con sus vidas. Él reinaba gracias al temor que la gente tenía de morir.

Apocalipsis responde a las aseveraciones de Domiciano y lo reta: *"Yo soy el Alfa y la Omega —dice el Señor Dios—, el que es y que era y que ha de venir, el Todopoderoso"* (Apocalipsis 1:8). Cada vez que el Apocalipsis menciona que "Jesús es Señor", que hay un "solo Dios", que "digno es el Cordero" entre muchas otras frases, está contradiciendo a Domiciano, o cualquier otro que pretende ser dios[2].

Apocalipsis describe a los cristianos como los que *"no valoraron tanto su vida como para evitar la muerte"* (Apocalipsis 12:11). Y exige: *"¡Adora sólo a Dios!"* (Apocalipsis 22:9).

Investigación 1	
Lee las secciones de Apocalipsis:	Anota lo que se enseña en cada parte acerca de la soberanía de Dios:
Prólogo (1:1-8) y Epílogo (22:6-21)	
1) Iglesias (1:9-3:22)	El pueblo de Dios en la tierra.
2) Sellos (4:1-8:1)	Cristo señor de la historia.
3) Trompetas (8:2-11:19)	La advertencia contra el pecado.
4) Guerra en el cielo (12:1-14:20)	El motivo de los conflictos.
5) Copas (15:1-16:21)	El juicio contra el pecado.
6) El Triunfo de Cristo (17:1-20:15)	El triunfo de Dios sobre los poderes de la historia.
7) La Nueva Creación del Apocalipsis (21:1-22:21)	El pueblo de Dios en el cielo.
Después de hacer las observaciones, resume la enseñanza de Apocalipsis sobre la soberanía de Dios.	

---

2 La película "Apocalipsis" con Richard Harris recrea con gran fidelidad histórica esta situación.

Características de redacción

La Biblia y el Apocalipsis

El Apocalipsis tiene 404 versículos y tiene referencias a por lo menos 518 textos de la Biblia. Sin embargo, no hace ni una cita directa a otro libro. Todas las figuras y personajes como rameras, dragones, bestias y jinetes son referencias a otros textos bíblicos. Es decir, si no conocemos la Biblia, no vamos a entender el Apocalipsis. Muchas veces el contexto para entender está en el Antiguo Testamento que Juan está citando. Juan no está repitiendo lo que estaba escrito, sino recreando su significado con **una visión Cristocéntrica**[3]. Como el tema del Antiguo Testamento es Jesús (Lucas 24:44-49; Juan 5:39-40; 2 Corintios 1:20; Hebreos 10:5-10. Algunas citas a las que Juan hace referencia son:

Figura	Referencias en el Antiguo Testamento
Rameras	Jeremías 2:34, 4:30; Isaías 1:15-22, 17:4, 18:16.
Dragón	Salmos 74:13-14, 89:10; Isaías 30:7, 51:9; Ezequiel 29:3.
Bestias	Isaías 27; Salmos 74:13, Daniel 7:3-8, Génesis 3:15, Job 40:1, Habacuc 3:8-15.
Jinetes	Zacarías 1:8-15, 6:1-8.

Género literario

Cuando Juan escribió su libro, ya existía el género apocalíptico, que los judíos usaban en los tiempos de

---

3 Peterson. *Reversed Thunder: The revelation of John and the praying imagination* , p.23

represión religiosa (entre los años 200 antes de Cristo y el 200 después de Cristo). No usa palabras claras e inteligibles; usaban símbolos en lugar de usar nombres propios de reyes, generales y países. Todo se describe de manera simbólica, para dar ánimo a la iglesia, a la resistencia.

El uso de números como símbolos[4]

Número	Significado simbólico
2	Renovación, valor, poder y testimonio. Dos testigos son requeridos para establecer la verdad, uno sólo no basta.
3	Número divino.
3 ½	La mitad de 7. Equivale a falta de reposo, insatisfacción, a lo incompleto.
4	Número cósmico. Símbolo del mundo donde vivimos. Los 4 seres vivientes venían de las 4 esquinas de la tierra o de la naturaleza. Toda la creación. Los 4 jinetes representan los motores de la historia.
6	Es el número que se queda corto ante el número completo. Representa **imperfección, pecado, algo incompleto**. A veces es el número del pecado.
7	Es el símbolo que más aparece en el Apocalipsis (54 veces). Su significado puede ser el valor numérico siete, pero generalmente describe lo **"completo"**, la **"totalidad"**, la **"perfección"**, **"todos"** los elementos de un grupo. Las 7 iglesias representan a toda la iglesia. Las 7 copas representan toda la ira de Dios. Las 7 trompetas representan toda la advertencia y llamado que Dios da para llamar a la gente a dejar sus pecados.

---

4 Basado en Grau. Apocalipsis, p. 21-26

10	Es el número de lo completo. Los 10 cuernos representan el poder **completo** de gobernar.
12	Es el número del pueblo original de Dios: 12 patriarcas, 12 tribus, 12 apóstoles.
1000	10×10×10 "**Milenio**" es un término usado en las Escrituras para expresar un periodo largo, indefinido. Un ejemplo, *"...para el Señor un día es como mil años y mil años como un día"* (2 Pedro 3:8). La expresión "mil años" nunca se usa para medir el tiempo como un reloj. Es una expresión para mucho tiempo.
144,000	12 (los patriarcas) × 12 (los apóstoles) × 1000

Quiasmos

La **poesía hebrea** usa el **quiasmo como figura literaria**, que es el patrón a-b-c-D-c'-b'-a'. El quiasmo pone la parte más importante, o la conclusión, en el centro. Si concedemos que el libro en sí es un quiasmo compuesto por 7 secciones: (a) las siete iglesias, (b) los siete sellos, (c) las siete trompetas, (D) guerra en el cielo, (c') las siete copas, (b') los juicios, (a') el nuevo cielo. Entonces el punto principal es la guerra en el cielo donde se realiza una lucha cósmica entre Jesús y el dragón (Apocalipsis 12-14). Es una lucha de vida o muerte. Explicaremos esto a detalle más adelante.

Paralelismo Progresivo

Apocalipsis **relata los mismos sucesos varias veces**. Es decir, los eventos están empalmados o es una "repetición". William Hendriksen llama este tipo de paralelismo "**paralelismo progresivo**": se cuenta la misma historia varias veces, pero cada recuento es más intenso, más violento, más completo. Gordon Fee lo llama el paralelismo *"elíptico con anticipaciones del fin"*.

Para ilustrar esto, veremos cómo la narración describe varias veces la destrucción de la tierra, o un tipo de fin:

Investigación 2	
Lee los siguientes fragmentos de las secciones 1 a 6.	Anota la descripción del fin del tiempo en cada sección.
1) Los siete sellos (6:12-17)	
2) Las siete trompetas (10:5-7, 11:15-19)	
3) Guerra en el cielo (14:19-20)	
4) Las siete copas (16:1-21)	
5) El Triunfo de Cristo (19:19-21)	
6) La Nueva Creación (21:1-22:21)	

Contrastes y Paradojas

La **poesía hebrea** enfatiza los contrastes. Esto es importante porque el estado era la fuerza dominante, y los cristianos estaban en desventaja en el momento en que Juan escribió Apocalipsis. Sin embargo, Juan describe la victoria de la iglesia y canta un *réquiem*[5] para la bestia (el estado de Roma). Este conflicto entre la proclamación cristiana y la situación de la vida de los conversos requería una buena respuesta para que los cristianos entendieran lo que estaba sucediendo.

Los contrastes y paradojas están por todo el libro. Un ejemplo es la Trinidad contra la trinidad satánica (un dragón y dos bestias, en Apocalipsis 13:1-18). Hay que estar alerta a los contrastes[6] mientras se lee el libro.

Entre los contrastes encontramos **lo escuchado y lo visto**. Esta figura muestra una paradoja y presenta dos aspectos de una verdad. Veamos, por ejemplo, Apocalipsis 1:10 *"... detrás de mí una voz fuerte"* y Apocalipsis 1:12 *"Me volví para ver de quién era la voz que me hablaba y, al volverme, vi siete candelabros de oro. En medio de los candelabros estaba alguien semejante al Hijo del hombre"*. Lo que se oye y lo que se ve son la misma cosa: el "Hijo del Hombre". Otros ejemplos son Apocalipsis 5:5 (oyó: **León de la tribu de Judá**) con 5:6 (vio: **Cordero**); y 7:4-8 (oyó: **144,000**) con 7:9 (vio: **multitud incontable**).

La doble descripción de lo que Juan *oye y ve* aparece por todo el libro. A veces son contrastes, aunque no siempre: *"Yo, Juan, soy el que vio y oyó esto. Y cuando lo vi y oí, me postré"* (Apocalipsis 22:6).

El Éxodo
El Apocalipsis usa patrones y figuras tomados del Éxodo: El Cordero, las plagas, Moisés, entre otros.

---

5 Un réquiem es una composición musical que se dedica a alguien que ha muerto.
6 Ver la tabla de contrastes entre el pueblo de la Bestia y el del Cordero (Apocalipsis 13 y 14), en la página 56.

De hecho, Éxodo es uno de los libros más citados en Apocalipsis.

Tenemos que entender los patrones del Éxodo para entender el Apocalipsis. A los israelitas, Dios les mandó tiempos difíciles para que clamaran a él para recibir salvación; les mandó una situación aún más difícil; luego los prosperó en su dificultad; les mandó un testigo (Moisés); y les mandó señales / plagas para que abandonaran a sus antiguos dioses y creyeran en el Dios verdadero. Algunos, a pesar de todo lo que sucedió, no creyeron en el Señor y querían regresar a Egipto.

Las plagas

Una de las imágenes comunes es la de las plagas. Esto se refiere a las diez plagas que Dios envío contra el faraón para que liberara a su pueblo. Las plagas sirvieron para dar a conocer a Dios ante faraón y el pueblo de Israel. Pero aquí existe una diferencia gigantesca: Juan da una guía para salir adelante, los Israelitas no la tenían. Los cristianos del primer siglo, en cambio, podían confiar en Dios porque ellos tenían el Éxodo[7], y tenían la resurrección de Jesús que confirmaba que Dios les iba a sacar ("éxodo") de las esclavitudes que les quitaban la vida.

¿Qué eran las plagas? Las plagas eran las acciones sobrenaturales de Dios para salvar a su pueblo. Eran la manera en que el pueblo podría conocer a Dios. Pero también eran los juicios de Dios sobre los egipcios. Antes de las plagas los israelitas se resistían a seguir a Dios. No estaban convencidos del liderazgo

---

7 Ver Lucas 9:31, donde Moisés y Elías hablan de la "partida" de Jesús. En griego, la palabra "partida" o "salida" es éxodo (ἔξοδος).

de Moisés. Estaban esclavizados a las comodidades, las costumbres y los pecados de Egipto.

Otra función de las plagas fue convencer al pueblo que Él era el verdadero Dios. Estaban viviendo en una sociedad politeísta que tenía dioses para todo: dios del río, del sol, de la cosecha, del desierto, del poder, de la comida… Para ellos, Jehová era un dios más. Convencerlos de que Él era el único Dios era un reto de grandes dimensiones.

El Cordero

Un elemento clave para el desarrollo del Éxodo fue la pascua, donde el pueblo comió el cordero y fue librado de la última plaga: la muerte de los primogénitos. Jesús, el Cordero, es la figura de máxima importancia aquí (se menciona 34 veces en el Apocalipsis).

Moisés y Cristo

En 15:3 tenemos la frase *"y cantaban el himno de Moisés, siervo de Dios, y el himno del Cordero"*, lo cual indica que, en el segundo éxodo, Cristo tiene el papel que Moisés tuvo cuando sacó al pueblo de Egipto en el primer éxodo.

El concepto de Tiempo

Juan y los autores del Nuevo Testamento no son historiadores modernos. Es muy fácil equivocarnos en el concepto del tiempo. Como 2 Pedro 3:8 indica, lo importante no es la cronología. En Apocalipsis Juan no está interesado en el valor numérico, sino el valor simbólico.

Hoy es el día de la salvación[8]. El día del Señor es cuando Jesús venció a Satanás en la cruz. El día del Señor es hoy cuando se predica el evangelio. El día del Señor es futuro, porque será cuando Cristo venga otra vez[9]. El día del Señor es un día de conflicto.

En el cielo no hay tiempo. Todas las cosas son eternas. Cuando estamos en la tierra, tiempo y secuencia son importantes. Así, es importante ubicar dónde está Juan cuando escribe. ¿Está describiendo cosas temporales o cosas eternas? Por ejemplo, al narrar los capítulos 2 y 3 Juan está en la tierra y describe la iglesia; mientras que en el capítulo 4 está en el cielo y describe cosas eternas.

Tres conceptos básicos para interpretar el Apocalipsis:

1. El Tiempo en la Biblia

2. El Juicio en la Biblia

3. El Reino en la Biblia

Palabras que se repiten
Las palabras o conceptos que se repiten indican la importancia del tema. A veces las palabras se repiten en una sección solamente, pero hay palabras y/o frases que están en todo el libro.

---

8 Ver, por ejemplo, 2 Corintios 6:2 (Porque él dice: "En el momento propicio te escuché, y en el día de salvación te ayudé". Les digo que este es el momento propicio de Dios; ¡hoy es el día de la salvación!) y Hebreos 4:7 (Por eso, Dios volvió a fijar un día, que es "hoy", cuando mucho después declaró por medio de David lo que ya se ha mencionado: "Si ustedes oyen hoy su voz, no endurezcan el corazón").
9 Goldsworthy. *El cordero y el león*, p. 129

Palabra	Repeticiones	Citas
Dichosos	7	1:3; 14:13; 16:15; 19:9; 20:6; 22:7, 14.
Perseverancia, perseverar	7	1:9; 2:2; 3:19; 3:10; 14:12.
Sacrificado, muerto, martirizado, herido	8	5:6, 9, 12; 6:9; 13:3, 8; 18:24.
Trono	43	1:4; 2:13; 3:21; 4:2, 3, 4, 5, 6, 9, 10; 5:1, 6, 7, 11, 13; 6:16; 7:9, 10, 11, 15, 17; 8:3; 11:16; 12:5; 13:2; 14:3; 16:10, 17; 19:4, 5; 20:4, 11, 12; 21:3, 5; 22:1, 3.
Profecía	6	1:3; 19:10; 22:7, 10, 18, 19.
Iglesia	20	1:4, 11, 20; 2:1, 7, 8, 11, 12, 17, 18; 2:23, 29; 3:1, 6, 7, 13, 14, 22; 22:16.
Israel o judío	5	2:9, 14; 3:9; 7:4; 21:12.
Jerusalén	3	3:12; 21:2, 10
Templo	14	3:12; 7:15; 11:1, 2; 11:19; 14:15, 17; 15:5, 6, 8; 16:1, 17; 21:22.
Babilonia	6	14:8; 16:19; 17:5; 18:2, 10, 21

Lo que NO dice el Apocalipsis

Apocalipsis **no** habla acerca de:

- La reconstrucción de un templo físico.

- Una re-ocupación de la tierra prometida.

- Las 12 tribus mencionadas en el Antiguo Testamento (las tribus mencionadas aparecen en la lista común de las tribus de Israel; la lista que aparece en Apocalipsis es única).

- El rapto.

- El regreso de Israel a su tierra.

- Una definida cronología del futuro.

Bosquejo con miras a una interpretación en contraste

Bosquejo sencillo

Prólogo (Apocalipsis 1:1-8)[10]
1. Los mensajes a las **siete iglesias**
(Apocalipsis 1:9–3:22)[11]
2. Los **siete sellos** (Apocalipsis 4:1–8:5)
3. Las **siete trompetas**
(Apocalipsis 8:6–11:19)
4. Los **siete grandes antagonistas**
(Apocalipsis 12:1–14:20)
5. Las **siete copas**
(Apocalipsis 15:1–16:21)
6. Los **siete juicios** (Apocalipsis 17:1–19:21)[12]
7. Las **siete visiones** (Apocalipsis 20:1–22:5) [13]
Epílogo (Apocalipsis 22:6-21)[14]

Preguntas que Juan plantea en Apocalipsis
1. ¿Quién es digno de romper los sellos y abrir el rollo? (Apocalipsis 5:2).
2. ¿Hasta cuándo, ¿Soberano Señor, santo y veraz, seguirás sin juzgar a los habitantes de la tierra y sin vengar nuestra muerte? (Apocalipsis 6:10).

---

10 Los preteristas creen que todo el Apocalipsis está hablando solamente a la situación del tiempo de Juan.

11 Los futuristas (dispensacionalistas) dicen que después de las cartas a las iglesias, Apocalipsis describe el futuro.

12 Los premilenialistas dicen que, en este punto, Cristo regresa a la tierra para reinar por mil años.

13 Los amilenialistas creen que Apocalipsis 1:1-20:8 describe el presente.

14 Los postmilenialistas creen que Jesús regresará después del milenio.

3. ¿Quién podrá mantenerse en pie? (Apocalipsis 6:17)

4. ¿Por qué te asombras? (Apocalipsis 17:7)

5. ¿Ha habido algún lugar como esta gran ciudad? (Apocalipsis 18:18)

Preguntas básicas a las que Juan responde:

1. ¿Quién es Jesús? (Apocalipsis 1)

2. ¿Qué es la iglesia? (Apocalipsis 2-3)

3. ¿Quién está reinando? ¿Qué es la adoración? (Apocalipsis 4)

4. ¿Quién controla la historia? (Apocalipsis 5-7).

5. ¿Cómo llama Dios a los hombres al arrepentimiento? (Apocalipsis 8-11).

6. ¿Cuál es el motivo que causa los conflictos en este mundo? mundo? (Apocalipsis 12-14).

7. ¿Cómo se manifiesta la justicia y la ira de Dios? (Apocalipsis 15-16).

8. ¿Cuál es la oposición al evangelio de Cristo? ¿Puede uno servir al dinero y a Jesús (ver Mateo 6:22-24)? (Apocalipsis 17-19).

9. ¿Cuál es el futuro del pueblo de Dios? (Apocalipsis 20-21).

10. ¿Cuál debe ser nuestra actitud hacia las Escrituras? (Apocalipsis 22:18-19).

La esperanza está en Jesús. No quiere decir que Él va a resolver las cosas "al vapor".

Ahora Jesús está salvando a su pueblo del poder del pecado para una redención final (libre de pecado).

Bosquejo en forma de quiasmo

A.   El pueblo de Dios en la tierra

    B.   Los sellos: Cristo gobierna la Historia

        C.   Las trompetas: Advertencias de la ira de Dios

            D.   Guerra en el cielo

        C.   Las copas: La ira de Dios

    B.   Cristo conquista sus enemigos: Babilonia

A.   El pueblo de Dios en el cielo

- La tierra
- El mar
- Los ríos
- Los cielos
- La tormenta
- La destrucción
- Los reinos del mundo ya no son más

- La tierra
- El mar
- Los ríos
- Los cielos
- La tormenta
- La destrucción
- Los reinos del mundo ya no son más

EXPOSICIÓN

Prólogo (Apocalipsis 1:1-8)

Este prólogo es para todo el libro y no sólo para la primera sección de las iglesias.

> *La revelación de Jesucristo, que Dios le dio, para mostrar a sus siervos las cosas que deben suceder pronto; y la dio a conocer, enviándola por medio de su ángel a su siervo Juan, el cual dio testimonio de la palabra de Dios, y del testimonio de Jesucristo, y de todo lo que vio. Bienaventurado el que lee y los que oyen las palabras de la profecía y guardan las cosas que están escritas en ella, porque el tiempo está cerca.*
> Apocalipsis 1:1-3, LBLA

Estos versículos de presentación por el autor son claves para interpretar todo el libro:

1. Es una revelación de Jesucristo.
2. Esta revelación relaciona a Jesucristo con los sucesos en la historia.
3. Juan recibió esta revelación por medio de un ángel.
4. G. K. Beale observa que Apocalipsis 1:1 se refiere a Daniel 2:28-30, 45-47. Compárese el énfasis en los siguientes versículos, y aquel en la cita de Apocalipsis 1:1-3 más arriba.

> *Pero hay un Dios en el cielo que revela los misterios, y Él ha dado a conocer al rey Nabucodonosor lo que sucederá al fin de los días. Tu sueño y las visiones que has tenido en tu cama eran éstos: A ti, oh rey, en tu cama te*

surgieron pensamientos sobre lo que habrá de suceder
en el futuro, y el que revela los misterios te ha dado
a conocer lo que sucederá.
Daniel 2:28-29, LBLA

El gran Dios ha hecho saber al rey lo que sucederá
en el futuro. Así, pues, el sueño es verdadero y la inter-
pretación fiel. El rey habló a Daniel, y dijo: En verdad
que vuestro Dios es Dios de dioses, Señor de reyes
y revelador de misterios, ya que tú has podido
revelar este misterio.
Daniel 2:45c, 47

En Daniel dice que Dios **revela (apocalipsis)** lo que va a suceder en los *"días venideros"* (NVI) o *"postreros días"* (RV60). El Nuevo Testamento constantemente **aplica los postreros días al tiempo de hoy.** Por ejemplo, Pedro dice que la profecía de Joel es cumplida en el día de Pentecostés[15]. Por su parte, el autor de Hebreos dice:

Dios, que muchas veces y de varias maneras habló a
nuestros antepasados en otras épocas por medio de los
profetas, en estos días finales nos ha hablado por medio
de su Hijo. A éste lo designó heredero de todo,
y por medio de él hizo el universo.
Hebreos 1:1-2

Juan tomó la referencia de Daniel a los días finales y sustituyó esa expresión por la frase *"...lo que sin demora tiene que suceder..."* (Apocalipsis 1:1). Como los demás autores del Nuevo Testamento, Juan indica que esta expresión habla de lo que sucede en el tiempo de la iglesia, entre la resurrección de Jesús y su segunda vendida,

---

15 Ver el primer discurso público (o sermón) de Pedro en Hechos 2:14-21.

es decir, **hoy**[16]. Entonces, Juan dice que tiene una **revelación (Apocalipsis)** que **va a suceder hoy**, en los tiempos de la iglesia.

5. Las personas que leen y oyen y guardan las palabras de esta profecía son bienaventuradas. Los primeros lectores podían recibir una bendición de las mismas palabras al igual que nosotros hoy. Los sucesos tienen la misma importancia para los primeros que lo leyeron que para nosotros. (Si nuestra conclusión es que los eventos solo son para los que todavía están por vivir en el futuro, 2000 años después de que el libro fue escrito, no estamos interpretando correctamente el texto bíblico).

6. Aquí también tenemos una doxología trinitaria, pero el orden de la trinidad está cambiado. La forma normal de la doxología (Padre, Hijo y Espíritu[17]) es modificada por Juan a Padre, Espíritu e Hijo (Apocalipsis 1:4-5). Los 7 Espíritus representan **todo o lo completo**, el Espíritu Santo de Dios.

1. Las iglesias como motores de la historia (Apocalipsis 1:9-3:22)

Al principio de esta sección hay una visión de Jesús. Lo que liga a Jesús con las iglesias es que Él está en medio de ellas, y los atributos de Jesús en el capítulo 1 aparecen nuevamente en relación con cada iglesia.

Investigación 3		
Completa la siguiente tabla		

---

16 Ver también 2 Timoteo 3:1 "Ahora bien, ten en cuenta que en los últimos días vendrán tiempos difíciles".
17 Ver Mateo 28:19.

Jesús en Capítulo 1	Descripción de Jesús	Iglesia
Apocalipsis 1:13, 16		Éfeso
Apocalipsis 1:17-18		Esmirna
Apocalipsis 1:16		Pérgamo
Apocalipsis 1:14-15		Tiatira
Apocalipsis 1:4, 16		Sardis
Apocalipsis 1:18		Filadelfia
Apocalipsis 1:5		Laodicea

Juan no da una visión romántica de la iglesia, más bien muestra lo fuerte y lo débil que es. Un buen ejercicio es listar las debilidades y los puntos fuertes que se presentan en cada iglesia. (Capítulos 2 y 3)

En cada una de las cartas hay una **fórmula de siete aspectos** que el autor llena y parece que todos los segmentos del Apocalipsis tiene siete subsecciones:

1) **Comisión**
2) **Presentación de Jesucristo**
3) **Alabanza de Jesucristo**
4) **Reproche de Jesucristo**

5) Consejo de Jesucristo
6) Llamamiento
7) Promesa de Jesucristo

Todas las iglesias también reciben el mensaje: *"El que tenga oídos, que oiga lo que el Espíritu dice a las iglesias"* (Apocalipsis 2:7, 11, 17, 29; 3:6, 13, 22). Entonces la pregunta clave es: ¿Qué dice el Espíritu en el resto del Apocalipsis a la iglesia?

Entiendo que la iglesia se refiere a todo el pueblo de Dios. Por ejemplo: las siete iglesias representan toda la iglesia en todo el tiempo. Los 24 ancianos representan todo el pueblo de Dios, 12 de Israel y 12 de la iglesia. Todo el capítulo siete habla de todo el pueblo de Dios. El capítulo 11 habla de los dos testigos que representan la iglesia. El capítulo 12 habla de la persecución de la iglesia por el dragón. Capítulo 14 habla de los sellados de Dios (14:1-5), la cosecha de los buenos (14:15-16). El Canto de Moisés y del Cordero es cantado por la iglesia (15:2-4).

El mensaje a la iglesia (las siete iglesias)
Esta es la sección de Apocalipsis que más se predica en el resto del libro.

1. **Efeso**
2. **Esmirna**
3. **Pergamo**
4. **Tiatira**
5. **Sardes**
6. **Filadelfia**
7. **Laodicea**

2. Los sellos como motores de la historia (Apocalipsis 4:1-8:5)

La visión continúa desde 4:1 hasta 8:5. Juan se encuentra en el cielo en todos estos capítulos. En toda la visión, Dios está en el centro sentado en Su trono (43 veces en Apocalipsis). Juan quiere darnos a entender que Dios es el único soberano. No da una descripción de Dios, sino de las actividades y actitudes de los que están alrededor del trono. **Cuando Dios está en el centro de todo en nuestras vidas, estamos adorándolo.**

Los 24 ancianos representan a los 12 patriarcas y los 12 apóstoles, que en conjunto representan el pueblo de Dios. Representan la unión de los dos pactos. La barrera que separaba a los dos pueblos ha sido derribada (Efesios 2:11-22). Así como los 12 patriarcas dieron inicio al pueblo en el Antiguo Pacto, los doce apóstoles colocaron **"los cimientos"**, pero *"nadie puede poner un fundamento diferente del que ya está puesto, que es Jesucristo"* (1 Corintios 3:10-11).

Los 4 seres vivientes representan la naturaleza, que también adora a Dios. En respuesta a la iglesia débil, Juan nos presenta una visión del Dios soberano.

El Cordero y el libro de los siete sellos (5:1-14)

La pregunta *"¿Quién es digno de romper los sellos y de abrir el rollo?"* (Apocalipsis 5:2) es la clave de esta sección. En otras palabras, ¿quién controla el desarrollo de la historia? La respuesta es *"¡Digno es el Cordero, que ha sido sacrificado...!"* (Apocalipsis 5:12)[18].

¡Todo el capítulo responde con himnos a este Cordero!

---

18 Ver también Hebreos 2:14-18

Jesucristo está en control de la historia, con todos sus problemas para los humanos. Este libro explica el porqué de la historia. Cuando vemos que el Cordero abre los sellos vemos que habla de las fuerzas, motivos o los motores detrás de la historia.

La relación entre Daniel 7 y Apocalipsis 4-5

Investigación 4		
Completa la siguiente tabla		
Tema	**Daniel 7**	**Apocalipsis 4-5**
Visión	Daniel 7:2, 7	
Trono	Daniel 7:9	
Dios sentado	Daniel 7:9b	
La apariencia de Dios	Daniel 7:9c	
El fuego delante del trono	Daniel 7:9d, 10	
Los siervos delante el trono	Daniel 7:10b	
Los libros delante el trono	Daniel 7:10c	
Se abren los libros	Daniel 7:10d	
El "Hijo del Hombre" recibe autoridad	Daniel 7:13-14	
El reino sobre todos los pueblos	Daniel 7:14a	
Se turbó	Daniel 7:15	
La recepción de la visión	Daniel 7:16	
Los santos reinan también	Daniel 7:18	
El reino eterno	Daniel 7:27	

**Los primeros 4 sellos: los cuatro jinetes (4 vientos)
de la historia (6:1-8)**
Cristo, el conquistador

El caballo blanco es el de Cristo[19]. Él irrumpe en la
historia conquistando, para vencer a todos sus enemigos. La historia es la historia de la conquista de
Cristo. Es importante que los primeros cristianos y
nosotros sepamos que Jesús es nuestro líder en la batalla a lo largo de toda la historia.

Los caballos de la maldad

Estos tres sellos están bajo el control del León-Cor-
dero. Jesús controla la maldad. No debemos atemori-
zarnos por los problemas de esta vida.

El caballo **rojo** encendido simboliza la **guerra** que
tenemos constantemente en la historia humana. El
caballo **negro** simboliza las constantes **tragedias eco-
nómicas** que plagan a la humanidad. El caballo **ama-
rillo** es del color de la **muerte** que destruye nuestra
vida, sin importar la causa.

El quinto sello (6:9-11)

Aquí tenemos la fuerza contraria. Los **santos de
Dios** también mueren en este conflicto cósmico. Aquí
cada vida cuenta... cada vida vale. Sus vidas y oraciones no son en vano. La oración de los santos es uno
de los **motores de la historia.**

Veremos en el resto del Apocalipsis cómo Dios
responde a las oraciones de los santos (las oraciones
reaparecerán en el capítulo 8).

**Así que tu vida y oración son importantes en el
plan de Dios. Tu oración es escuchada.**

---

19 Existe una interpretación alternativa, donde el Caballo Blanco representa
"conquista" en un sentido negativo. Aquí seguimos la lectura que identifica al
primer jinete con Cristo.

El sexto sello (6:12-17)

El sexto sello describe cómo caen las estrellas y fuego sobre la tierra. Esto no es único en Apocalipsis, sino que se encuentra también en las palabras de David (Salmo 11). Esto representa el **juicio de Dios**. El capítulo 6 termina con una interrogante: *"¿Quién podrá mantenerse en pie?"* (v 17). Esta pregunta se relaciona con la situación donde los santos están reclamando justicia y Dios envía juicio. Los juicios se van desglosando en el resto del libro. El capítulo 7 responde la pregunta de 6:17.

Interludio (7:1-17)

El capítulo 7 arranca con el conteo de 144,000 en una extraña enumeración de 12,000 por cada tribu israelita. Podemos observar que esta lista no existe en ninguna otra parte de las Escrituras. Por tanto, no es una lista de Israel. Segundo, hemos observado que en el capítulo 5 la descripción del León es audible pero la descripción del cordero es visual.

Aquí tenemos el mismo patrón literario: la lista de los 144,000 es audible y la multitud sin número es visual. Son las mismas personas, descritas de dos maneras distintas; tal como el Cordero y el León son la misma persona. Así, el número indica que hay una cantidad específica de personas que van a ser salvas, y va a ser una gran cantidad. La lista de los 144,000 empieza con Judá en la cabeza de la enumeración. Esto es porque están iniciando la "guerra santa" y la conquista. El león de Judá es su rey.

El esquema de 6:1 a 8:5 es:
+ **4 jinetes.**
+ **2 sellos (el quinto y el sexto).**
+ **1 interludio en dos partes.**
+ **1 sello (el séptimo).**

El interludio, que es el capítulo 7, es la respuesta a la pregunta *"¿Quién puede mantenerse en pie?"* (6:17b) El pueblo de Dios está a salvo de la ira de Dios.

El capítulo 7 se divide en lo que Juan escucha (7:1-8) y lo que ve (7:9-17):

>1. Lo que Juan escucha (7:1-8):
>a) Introducción solemne. La ira de Dios no será derramada hasta que Dios haya sellado a su pueblo (7:1-4).
>b) El conteo del pueblo (7:5-8)
>2. Lo que Juan ve (7:9-17):
>a) Alabanza al Cordero (7:9-12).
>b) ¿Quién es esta multitud? Los que han salido de la gran aflicción o gran sufrimiento (7:13-17).

El séptimo sello (8:1)

Cuando llegamos al final y vemos el juicio que Dios ha hecho, hay un silencio en el cielo por media hora. Este silencio (Apocalipsis 8:1) refleja Habacuc 2:20: *"Pero el Señor está en su santo templo: calle delante de Él toda la tierra"* (LBLA).

Los siete ángeles que están de pie ante el trono de Dios reciben siete trompetas.

3. Las trompetas como motores de la historia (Apocalipsis 8:2-11:19)

Las trompetas no son un tema nuevo, las encontramos ya en el Éxodo y en Jericó para anunciar la victoria de Dios.

Apocalipsis 8:2-6 es el preludio a las siete trompetas. El motivo de las trompetas sale del altar, de donde se toman las oraciones que pedían justicia

(Apocalipsis 6:9-10) y se mezclan con las brasas del altar y son arrojadas *"...sobre la tierra; y se produjeron truenos, estruendos, relámpagos y un terremoto"* (Apocalipsis 8:5)[20]. Las trompetas son la respuesta a las oraciones de los santos. Esto debe cambiar el contenido de nuestras oraciones y cómo esperamos que Dios las conteste. Las trompetas son la segunda parte que **anuncia el juicio de Dios**.

¿Quiénes son los siete ángeles? Los que previamente habían sido mencionados en los capítulos 1 al 3. Esto es una posibilidad[21].

Las siete trompetas se originan ante el trono de Dios. La imagen del cielo es la de un templo. ¿Qué significan las siete trompetas? Advertencia de juicio[22]. Las trompetas anuncian el juicio porvenir. Esto contrasta con las copas que son juicio. Las trompetas impactan a una tercera parte de la tierra; las copas, a la totalidad de la tierra. Son una advertencia de que lo peor está por venir. Sin embargo, las trompetas no surten efecto, porque los hombres no se arrepienten (9:20-21).

Las trompetas

Las trompetas son similares a las plagas de Egipto (Éxodo 7:14-12:30). Las plagas primeras (agua en sangre), séptima (granizo) y novena (oscuridad) aparecen aplicadas a la situación que los cristianos están experimentando a manos del Imperio Romano.

---

20 Comparar con Éxodo 19:18 "Y todo el monte Sinaí humeaba, porque el SEÑOR había descendido sobre él en fuego; el humo subía como el humo de un horno, y todo el monte se estremecía con violencia" (LBLA).
21 El libro apócrifo 1 Enoc 20 y el deuterocanónico Tobías 12:15, mencionan a siete arcángeles: Gabriel, Miguel, Rafael, Uriel, Raguel, Remiel y Zerachiel. Todos estos nombres terminan con el sufijo "el" que quiere decir Dios en hebreo.
22 Ver Ezequiel 33:1-5, Sofonías 1:14-16, Joel 2:1.

Al sonar la **primera trompeta** se arroja *"sobre la tierra **granizo y fuego** mezclados con sangre"* (Apocalipsis 8:7, énfasis agregado; ver Éxodo 9:26).

Al sonido de la **segunda trompeta** (Apocalipsis 8:8): *"fue arrojado al mar algo que parecía una enorme montaña envuelta en llamas. La tercera parte del mar se convirtió en sangre"*[23] que es una reflejo de la erupción de Vesubio en Nápoles, Italia. Roma dependía del mar por su comercio. Egipto dependía del Rio Nilo.

Cuando el ángel tocó la **tercera trompeta** (Apocalipsis 8:10-11) *"una enorme estrella, que ardía como una antorcha, cayó desde el cielo sobre la tercera parte de los ríos y sobre los manantiales. La estrella se llama Amargura. Y la tercera parte de las aguas se volvió amarga, y por causa de esas aguas murió mucha gente"*.

Al sonar de la **cuarta trompeta** (Apocalipsis 8:12): *"fue asolada la tercera parte del sol, de la luna y de las estrellas, de modo que se oscureció la tercera parte de ellos"*. Ver Éxodo 10:21-29; Joel 2:30-31; Mateo 24:29; Hechos 2:19-20. Naturalmente, nuestra interpretación no puede ser literal.

Quinta trompeta (Apocalipsis 9:1-12):

Un ángel abre el abismo. Todo lo que sucede es porque Dios es soberano. Aquí hay un paralelo con la octava plaga: las langostas. Dios les da poder para atormentar a los humanos por cinco meses. Es también similar a Joel 1 y 2. La langosta se convierte en un escorpión para causar dolor. Aparece un ejército de caballos preparados para la guerra, cuyo rey es Satanás. En Apocalipsis 20:1, Satanás es arrojado al

---

23 Ver Éxodo 7:17-20.

abismo[24]. El abismo es el infierno donde las fuerzas demoniacas están guardadas. Dios está usando las fuerzas del mal para juzgar al imperio. Apocalipsis da ocho rasgos del ejército de las langostas. Muchas de estas imágenes son tomadas del libro de Joel. Apocalipsis 9:4 indica que el pueblo de Dios se escapa de estas plagas. En Apocalipsis 9:12 se menciona que el **primer "ay"**[25] ya pasó, con la quinta trompeta.

Sexta trompeta (Apocalipsis 9:13-21)

Regresamos de nuevo a Éxodo, donde aprendemos que Dios tenía que convencer a los israelitas de que Él era Dios. Moisés tenía que convencer a los israelitas de que Dios los había redimido. Una de las maneras que el Señor usó para convencerlos fueron las plagas. Ellos tenían que estar convencidos de que los otros dioses y sistemas religiosos no funcionaban y en verdad eran mentiras. Cuando Dios salió victorioso sobre todos los otros poderes no cabía duda de que era digno de confianza.

Dios llama a la gente a arrepentirse, sin embargo, éstos no se arrepintieron de las obras de sus manos, sino que siguieron en sus pecados (Apocalipsis 9:20-21). Sus pecados son presentados en dos grupos: Primero la adoración de los demonios y las imágenes[26], luego los homicidios, hechicerías, fornicación y robos. Los pecados de adoración son los más graves.

Interludio en dos partes:

El ángel y el pequeño rollo (Apocalipsis 10:1-11)

El ángel pone un pie en el mar y el otro en la tierra.

---

24 Ver Lucas 10:18 "Jesús les dijo: Yo veía a Satanás caer del cielo como un rayo" (RVC).
25 Los profetas describen los ayes mesiánicos. El día del Señor viene con ayes.
26 Ver Isaías 44:9-20.

Más adelante vemos una bestia del mar y otra de la tierra.

Los siete truenos (Apocalipsis 10:3-4)

Hay algo sorprendente al llegar a este punto de la revelación:

> *Entonces los siete truenos levantaron también sus voces. Una vez que hablaron los siete truenos, estaba yo por escribir, pero oí una voz del cielo que me decía: "Guarda en secreto lo que han dicho los siete truenos, y no lo escribas".*
> Apocalipsis 10:3b-4

Es decir: Juan no nos reveló todo el plan de Dios.

El anuncio del fin (Apocalipsis 10:6-7)

¡El tiempo ha terminado!

> *En los días en que hable el séptimo ángel, cuando comience a tocar su trompeta, se cumplirá el designio secreto de Dios, tal y como lo anunció a sus siervos los profetas.*
> Apocalipsis 10:6-7

Cuando empiece a sonar la séptima trompeta, el plan de Dios se habrá llevado a cabo. El fin habrá llegado. Este anuncio indica que al concluir las trompetas hay una descripción del final del tiempo.

Come el rollo (Apocalipsis 10:8-11)[27]

El rollo es dulce a todo creyente verdadero, y amargo porque anuncia los juicios de Dios. Al comer el rollo Juan recibe otra comisión.

---

27 Ver Ezequiel 2:2-3:3.

Los dos testigos y la medición del templo (Apocalipsis 11:1-14)[28]

> *Se me dio una caña que servía para medir, y se me ordenó: "Levántate y mide el templo de Dios y el altar, y calcula cuántos pueden adorar allí. Pero no incluyas el atrio exterior del templo; no lo midas, porque ha sido entregado a las naciones paganas, las cuales pisotearán la ciudad santa durante cuarenta y dos meses. Por mi parte, yo encargaré a mis dos testigos que, vestidos de luto, profeticen durante mil doscientos sesenta días". Estos dos testigos son los dos olivos y los dos candelabros que permanecen delante del Señor de la tierra. Si alguien quiere hacerles daño, ellos lanzan fuego por la boca y consumen a sus enemigos. Así habrá de morir cualquiera que intente hacerles daño. Estos testigos tienen poder para cerrar el cielo a fin de que no llueva mientras estén profetizando; y tienen poder para convertir las aguas en sangre y para azotar la tierra, cuantas veces quieran, con toda clase de plagas.*
>
> Apocalipsis 11:1-6

En el Nuevo Testamento, después de la resurrección de Jesús, el templo es la iglesia[29]. Se mide el templo para mostrar la grandeza del templo de Dios. Los dos testigos son Moisés y Elías (la ley y los profetas), que fueron también los dos testigos de la transfiguración (Marcos 9:2-13). A la vez, son Esmirna y Filadelfia: las dos iglesias que no recibieron reclamo en los capítulos 2 y 3. Juan las identifica con la frase *"los dos olivos y los dos candelabros que permanecen delante del Señor de la tierra"* (Apocalipsis 11:4).

---

28 Ver Ezequiel 40-42.

29 Ver, por ejemplo: "¿No saben que ustedes son templo de Dios y que el Espíritu de Dios habita en ustedes? Si alguno destruye el templo de Dios, él mismo será destruido por Dios; porque el templo de Dios es sagrado, y ustedes son ese templo" (1 Corintios 3:16-17); "¿Acaso no saben que su cuerpo es templo del Espíritu Santo, quien está en ustedes y al que han recibido de parte de Dios?" (1 Corintios 6:19); y también 1 Pedro 2:4-8.

Las iglesias reciben poder como el de Moisés y Elías para plagar a sus enemigos mientras proclaman la palabra de Dios.

Los dos testigos tienen poder como los profetas del Antiguo Testamento: Estos testigos tienen poder para cerrar el cielo a fin de que no llueva mientras estén profetizando (Elías); para convertir las aguas en sangre (Moisés) y para azotar la tierra, cuantas veces quieran, con toda clase de plagas (Apocalipsis 11:6).

> *Ahora bien, cuando hayan terminado de dar su testimonio, la bestia que sube del abismo les hará la guerra, los vencerá y los matará. Sus cadáveres quedarán tendidos en la plaza de la gran ciudad, llamada en sentido figurado Sodoma y Egipto, donde también fue crucificado su Señor. Y gente de todo pueblo, tribu, lengua y nación contemplará sus cadáveres por tres días y medio, y no permitirá que se les dé sepultura. Los habitantes de la tierra se alegrarán de su muerte y harán fiesta e intercambiarán regalos, porque estos dos profetas les estaban haciendo la vida imposible.*
> Apocalipsis 11:7-10

Ellos tenían protección de sus enemigos hasta que terminaron su tarea de dar testimonio de Jesús (Juan 15:26-27). Son comparados con Juan el bautista, que le hacía la vida imposible a Herodes, al denunciar sus pecados (Marcos 6:14-29).

> *Pasados los tres días y medio, entró en ellos un aliento de vida enviado por Dios, y se pusieron de pie, y quienes los observaban quedaron sobrecogidos de terror. Entonces los dos testigos oyeron una potente voz del cielo que les decía: "Suban acá". Y subieron al cielo en una nube, a la vista de sus enemigos. En ese mismo instante se produjo un violento terremoto y se derrumbó la décima parte de la ciudad. Perecieron siete*

> *mil personas, pero los sobrevivientes, llenos de temor,*
> *dieron gloria al Dios del cielo. El segundo ¡ay!*
> *ya pasó, pero se acerca el tercero.*
> Apocalipsis 11:11-14

Cuando los dos testigos terminan su tarea son martirizados y el mundo se regocija porque ellos le habían hecho la vida imposible (¿Está diciendo Juan que el cristianismo va a desaparecer antes de la venida de Jesús?).

La bestia se menciona por primera vez en Apocalipsis en relación a los dos testigos. Sus cadáveres quedarán en la gran ciudad de **Sodoma y Egipto donde fue crucificado** el Señor y quedarán expuestos por tres días y medio (Ver Oseas 6:1-3, y Ezequiel 37:5-10).

Los dos testigos resucitan causando mucho temor en la gente del mundo. Y esto también inicia el final del tiempo. Los dos testigos también tienen un paralelo con los enemigos de Cristo: las dos bestias.

Los "ayes"
El segundo "**Ay**" viene después de la sexta trompeta y el tercer "**Ay**" se encuentra después de la séptima. Otra posibilidad es que se refiera a los "**ayes**" de Apocalipsis 18:10, 16 y 19:

> *Aterrorizados al ver semejante castigo, se mantendrán a distancia y gritarán: "¡Ay! ¡Ay de ti, la gran ciudad, Babilonia, ciudad poderosa, porque en una sola hora ha llegado tu juicio!"*

> *"¡Ay! ¡Ay de la gran ciudad, vestida de lino fino, de púrpura y escarlata, y adornada con oro, piedras preciosas y perlas, porque en una sola hora ha quedado destruida toda tu riqueza!"*

> *Harán duelo, llorando y lamentándose a gritos:*
> *"¡Ay! ¡Ay de la gran ciudad, con cuya opulencia se enri-*
> *quecieron todos los dueños de flotas navieras! ¡En una*
> *sola hora ha quedado destruida!"*

La séptima trompeta (Apocalipsis 11:15-19)

Esta es la segunda presentación del Triunfo final de Cristo. Ya no habrá más tiempo (Apocalipsis 10:6-7). Esto refuerza y demuestra lo que hemos afirmado al principio: que Apocalipsis presenta la historia entre la primera venida de Cristo y el final (su segunda venida) desde diferentes perspectivas paralelas.

Aquí encontramos dos himnos: uno sobre el reino (Apocalipsis 11:15) y el otro de acción de gracias por lo que Dios ha realizado (Apocalipsis 11:17-18).

> *Tocó el séptimo ángel su trompeta, y en el cielo*
> *resonaron fuertes voces que decían: "El reino*
> *del mundo ha pasado a ser de nuestro Señor y de*
> *su Cristo, y él reinará por los siglos de los siglos".*
> *Los veinticuatro ancianos que estaban sentados en*
> *sus tronos delante de Dios se postraron rostro en tierra*
> *y adoraron a Dios diciendo: "Señor, Dios Todopodero-*
> *so, que eres y que eras, te damos gracias porque has*
> *asumido tu gran poder y has comenzado a reinar. Las*
> *naciones se han enfurecido; pero ha llegado tu castigo,*
> *el momento de juzgar a los muertos, y de recompensar*
> *a tus siervos los profetas, a tus santos y a los que temen*
> *tu nombre, sean grandes o pequeños, y de destruir a los*
> *que destruyen la tierra".*
> Apocalipsis 11:15-18

4. La guerra en el cielo como motor de la historia (Apocalipsis 12:1-14:20)

Esta sección describe la historia profunda de la tierra, el sentido verdadero de la historia. Muchas veces nos concentramos en la historia superficial, es decir, en lo que hacen las naciones. Pero la historia profunda responde a la pregunta: ¿Qué hace Dios en la historia?

Guerra en el cielo

Hay varios textos en los que la Biblia nos presenta a Jesús como un superhéroe. Uno de ellos es Apocalipsis 12, donde narra una guerra en el cielo para echar fuera al dragón (Satanás), que es el acusador de los santos. Este relato aglutina muchas otras historias, desde Génesis 3:15 que indica que el vencedor del mal será un hombre. El pueblo de Dios es representado por la mujer que da a luz a Jesús. Todas las historias del Antiguo Testamento tienen su propósito en el cumplimiento de las promesas en Jesús. Si el Antiguo Testamento no hubiera cumplido su propósito, Jesús no podría cumplir su función como el Mesías. De este modo, este capítulo resume toda la historia bíblica.

La primera descripción es de una mujer que está encinta y a punto de dar a luz a un niño. Esta lucha perdura por toda la historia del Antiguo Testamento. Este niño, Jesús, está destinado a reinar sobre las naciones. Un dragón está presente, preparado para destruir al niño en cuanto nazca.

> *Apareció en el cielo una señal maravillosa: una mujer revestida del sol, con la luna debajo de sus pies y con una corona de doce estrellas en la cabeza. Estaba encinta y gritaba por los dolores y angustias del parto. Y apareció en el cielo otra señal: un enorme dragón de color rojo encendido que tenía siete cabezas y diez cuernos, y una diadema en cada cabeza. Con la cola arrastró la tercera parte de las estrellas del cielo y las arrojó sobre la tierra. Cuando la mujer estaba a punto de dar a luz, el dragón se plantó delante de ella para devorar a su hijo tan pronto como naciera. Ella dio a luz un hijo varón que gobernará a todas las naciones con puño*

de hierro[30]. Pero su hijo fue arrebatado y llevado hasta
Dios que está en su trono. Y la mujer huyó al desierto,
a un lugar que Dios le había preparado para que allí la
sustentaran durante mil doscientos sesenta días.
Apocalipsis 12:1-6

Cuando nace el niño (Jesús), se desata una guerra en el cielo. Aquí tenemos la descripción de una guerra en el cielo entre un dragón y un niño. Uno pensaría que el dragón fácilmente puede ganarle a un niño.

Se desató entonces una guerra en el cielo: Miguel y
sus ángeles combatieron al dragón; éste y sus ángeles,
a su vez, les hicieron frente, pero no pudieron vencer, y
ya no hubo lugar para ellos en el cielo. Así fue expul-
sado el gran dragón, aquella serpiente antigua que se
llama Diablo y Satanás, y que engaña al mundo entero.
Junto con sus ángeles, fue arrojado a la tierra.
Apocalipsis 12:7-9

El resultado de esta guerra es que el dragón (Satanás) es expulsado del cielo junto con sus ángeles. Una vez que ha sido expulsado, tiene el propósito de engañar a tantos como pueda. Cristo ganó la guerra en su muerte, resurrección y ascensión. La guerra ya está aquí entre nosotros. Por esta razón tenemos conflicto en nuestras vidas como cristianos. Pero: Estamos junto a Cristo, ganando la guerra contra el dragón.

Luego oí en el cielo un gran clamor:
"Han llegado ya la salvación y el poder y el reino de
nuestro Dios; ha llegado ya la autoridad de su Cristo.
Porque ha sido expulsado el acusador de nuestros
hermanos, el que los acusaba día y noche delante
de nuestro Dios.

---

30 Compárese con Salmos 9:8 "Juzgará al mundo con justicia; gobernará a los pueblos con equidad".

> *Ellos lo han vencido por medio de la sangre*
> *del Cordero y por el mensaje del cual dieron testimo-*
> *nio;no valoraron tanto su vida como para*
> *evitar la muerte.*
> *Por eso, ¡alégrense, cielos, y ustedes que*
> *los habitan! Pero ¡ay de la tierra y del mar!*
> *El diablo, lleno de furor, ha descendido a ustedes,*
> *porque sabe que le queda poco tiempo".*
> Apocalipsis 12:10-12

El resultado de la guerra es el himno de la victoria de Cristo. También es nuestra victoria, porque vencemos al dragón con la sangre de Cristo y nuestro testimonio cuando proclamamos el evangelio.

Aquí hay una nota de advertencia: el diablo está lleno de enojo y está entre nosotros en la tierra. Él sabe que no tiene mucho tiempo para tratar de arruinar el triunfo del Cordero.

> *Cuando el dragón[31] se vio arrojado a la tierra, per-*
> *siguió a la mujer que había dado a luz al varón. Pero a*
> *la mujer se le dieron las dos alas de la gran águila, para*
> *que volara al desierto, al lugar donde sería sustentada*
> *durante un tiempo y tiempos y medio tiempo, lejos de*
> *la vista de la serpiente. La serpiente, persiguiendo a la*
> *mujer, arrojó por sus fauces agua como un río, para que*
> *la corriente la arrastrara. Pero la tierra ayudó*
> *a la mujer: abrió la boca y se tragó el río que el dra-*
> *gón había arrojado por sus fauces. Entonces el dragón*
> *se enfureció contra la mujer, y se fue a hacer guerra*
> *contra el resto de sus descendientes, los cuales obede-*
> *cen los mandamientos de Dios y se mantienen fieles*
> *al testimonio de Jesús.*
> Apocalipsis 12:13-17

El dragón ya está en la tierra y persigue a la iglesia de Cristo (la mujer). Dios utiliza hasta a la naturaleza

---

31 En griego: drakon (δράκων).

(tierra) misma para ayudar la mujer y a su descendencia a escapar. Aquí claramente identifica la descendencia del Hijo con los que obedecen los mandamientos de Dios y son fieles al testimonio de Jesús. La victoria de la mujer, su Hijo y su descendencia está segura.

El dragón delega su poder

En los capítulos 13 y 14 varias cosas son agregadas a la escena. Encontramos más oposición en la primera bestia[32] en la forma política. Daniel también presentaba el poder político-militar en forma de bestias. En el Imperio romano su emperador era considerado dios y reaccionaba con celos ante las otras religiones. El culto del estado iba mucho más allá de los emperadores, atravesando religión, economía y patriotismo.

Hay una segunda **bestia** que subió de la tierra. Esta bestia parece representar la **religión-filosofía** porque recibe la adoración de la gente. Los sacerdotes que promovían el culto al emperador, y que eran sus agentes políticos, son representados por la segunda bestia.

Para mí, la clave para entender la "**marca de la bestia**" en "la mano" o en "la frente" se encuentra en Deuteronomio 6:7-9[33]; y Salmos 24:4 donde dice que *"...sólo el de manos limpias y corazón puro, el que no adora ídolos ni jura por un dios falso"*. Las manos son acciones puras y el corazón puro es el pensamiento puro.

---

32 Ver Job 41 y Daniel 7:1-7; Juan presenta estas cuatro bestias como una sola bestia en Apocalipsis 13:2.

33 "Grábate en el corazón estas palabras que hoy te mando. Incúlcaselas continuamente a tus hijos. Háblales de ellas cuando estés en tu casa y cuando vayas por el camino, cuando te acuestes y cuando te levantes. Átalas a tus manos como un signo; llévalas en tu frente como una marca; escríbelas en los postes de tu casa y en los portones de tus ciudades" (Deuteronomio 6:6-9).

La marca de la bestia no es una marca física, sino que representa el hecho de que las personas están contaminadas en sus acciones y en sus pensamientos. Es decir, es obligatorio participar en la corrupción para hacer negocios y vivir en la sociedad.

Así, tenemos dos motores más que mueven la historia: El poder **político-económico** y el **poder religioso-filosófico**. Estos poderes se han involucrado en la persecución de los verdaderos cristianos a través de la historia. Juan indica que debemos aceptar como normal la muerte por nuestro testimonio a Jesús:

> *El que tenga oídos, que oiga. El que deba ser llevado cautivo, a la cautividad irá. El que deba morir a espada, a filo de espada morirá. ¡En esto consisten la perseverancia y la fidelidad de los santos!*
> Apocalipsis 13:9-10 [34]

El pueblo de Dios

Juan presenta al pueblo del Dragón en contraste con el pueblo de Dios.

La Bestia	El Cordero
Cuernos como de cordero, pero hablaba como dragón (13:11)	Cordero (14:1, 4).
De la tierra (13:11)	Monte Sion (14:1).
Adoraron a la Bestia (13:12)	El cántico nuevo de los 144,000 (14:3).
El número de la Bestia 666 (13:18)	El número de los Santos 144,000 (14:1).
Esclavizados (13:16)	Redimidos (14:3).

---

34 Ver Jeremías 15:2 y 43:11, Ezequiel 14:21-23.

La marca de la Bestia (13:16-17)	Sellados con el nombre del Padre y el cordero (14:1).
Engaño de la Bestia (13:14)	No hay mentira en su boca (14:5).

El capítulo 14 hace los preparativos para el final y describe el juicio final (cosechar la tierra). Babilonia destruyó el primer templo y Roma destruyó el segundo[35].

El anuncio del evangelio es contrastado con el mensaje de juicio:

Luego vi a otro ángel que volaba en medio del cielo, y que llevaba el evangelio eterno para anunciarlo a los que viven en la tierra, a toda nación, raza, lengua y pueblo. Gritaba a gran voz: "Teman a Dios y denle gloria, porque ha llegado la hora de su juicio. Adoren al que hizo el cielo, la tierra, el mar y los manantiales".
Apocalipsis 14:6-7

Babilonia ha caído: *"Lo seguía un segundo ángel que gritaba: "¡Ya cayó! Ya cayó la gran Babilonia, la que hizo que todas las naciones bebieran el excitante vino de su adulterio"* (Apocalipsis 14:8).

Y la advertencia a los que se corrompen:

Los seguía un tercer ángel que clamaba a grandes voces: "Si alguien adora a la bestia y a su imagen, y se deja poner en la frente o en la mano la marca de la bestia, beberá también el vino del furor de Dios, que en la copa de su ira está puro, no diluido. Será atormentado con fuego y azufre, en presencia de los santos ángeles y del Cordero. El humo de ese tormento sube por los siglos de los siglos. No habrá descanso ni de día ni de

---

35 El tesoro de este templo fue usado para construir el Coliseo de Roma.

noche para el que adore a la bestia y su imagen, ni para
quien se deje poner la marca de su nombre".
Apocalipsis 14:9-11

Juan termina esta sección con una promesa para los que son martirizados:

¡En esto consiste la perseverancia de los santos, los
cuales obedecen los mandamientos de Dios y se mantie-
nen fieles a Jesús! Entonces oí una voz del cielo,
que decía: "Escribe: Dichosos los que de ahora
en adelante mueren en el Señor".
"Sí —dice el Espíritu—, ellos descansarán de sus
fatigosas tareas, pues sus obras los acompañan".
Apocalipsis 14:12-13

La cosecha (14:14-20)

La representación del juicio como una cosecha proviene de Joel 3:13 que es la única ocasión en el Antiguo Testamento donde el juicio es presentado así[36]. Esta cosecha también representa el juicio final otra vez, por eso viene en dos etapas. La primera etapa es de los justos y la segunda de los que rechazan al Cordero.

En Apocalipsis 14:20, aparece la cifra de 1600 estadios. Algunas versiones convierten esta distancia a kilómetros, pero al hacerlo se pierde su valor simbólico. Este número es simbólico y representa $4 \times 4 \times 10 \times 10 \times 10$; es decir, simboliza toda la tierra.

5. Las copas de ira como motores de la historia (Apocalipsis 15:1-16:21)

Después de leer la Biblia vemos que Dios está enojado con los pecadores que constantemente se

---

36 Ver Job 4:8; Proverbios 22:8; Jeremías 12:13, 51:33; Oseas 8:7; Miqueas 4:12-13; Gálatas 6:7-8.

rebelan contra Él. Otro motor que mueve la historia es la ira de Dios. Juan comienza esta sección señalando que los desastres son plagas. Ya hemos visto que está poniendo en paralelo el Éxodo con la situación actual en el mundo.

Dios está salvando a su pueblo y derrotando los ejércitos enemigos. Está convenciendo a su pueblo de que tiene que salir hacia la salvación. La salvación es un éxodo del pueblo de Dios de este mundo.

Luego tenemos **el canto de Moisés y del Cordero**. Esto hace un fuerte nexo entre el Éxodo y la salvación. Recuerdo cuando en la iglesia, hace muchos años, un solista cantaba un himno basado en Apocalipsis 15.

Así cantó lo que está pasando ahora. Cristo está venciendo sus enemigos ahora.

> *Grandes y maravillosas son tus obras,*
> *Señor, Dios Todopoderoso.*
> *Justos y verdaderos son tus caminos,*
> *Rey de las naciones.*
> *¿Quién no te temerá, oh Señor?*
> *¿Quién no glorificará tu nombre?*
> *Sólo tú eres santo.*
> *Todas las naciones vendrán*
> *y te adorarán,*
> *porque han salido a la luz*
> *las obras de tu justicia.*
> Apocalipsis 15:3-4[37]

Después de que Dios envía las plagas para traer a la gente a la salvación, reparte las copas de oro llenas de su ira. La ira de Dios se manifiesta en plagas

---

37 Ver también Éxodo 15:1-18 y Deuteronomio 31:30-43.

(paralelo con el Éxodo) para urgir a la gente a acercarse a Dios.

> *Después de esto miré, y en el cielo se abrió el templo, el tabernáculo del testimonio. Del templo salieron los siete ángeles que llevaban las siete plagas. Estaban vestidos de lino limpio y resplandeciente, y ceñidos con bandas de oro a la altura del pecho. Uno de los cuatro seres vivientes dio a cada uno de los siete ángeles una copa de oro llena del furor de Dios, quien vive por los siglos de los siglos.*
> Apocalipsis 15:5-7

Dios no está guardando pasivamente su ira para el juicio final, al contrario, es activo en detener el pecado de los hombres. Las plagas y juicios son los resultados de su ira. Pero no podemos ver cómo Dios realiza esta acción[38].

Las siete copas de ira

Pablo presenta el tema de la ira de Dios al inicio de su carta a los Romanos: describe con claridad que es algo totalmente real, y además expone la causa de la misma.

> *Ciertamente, la ira de Dios viene revelándose desde el cielo contra toda impiedad e injusticia de los seres humanos, que con su maldad obstruyen la verdad.*
> Romanos 1:18

La relación entre las trompetas y las copas

7 trompetas	7 copas
1. Tierra (8:7)	1. Tierra (16:2)
2. Mar (8:8-9)	2. Mar (16:3)

---

38 Comparar con Habacuc 3:4, "Su brillantez es la del relámpago; rayos brotan de sus manos; ¡tras ellos se esconde su poder!"

3. Ríos y manantiales (8:10-11)	3. Ríos y manantiales (16:4-5).
4. Sol, luna y estrellas (8:12)	4. Sol (16:8).
5. Pozo del abismo (9:1)	5. El trono de la bestia, tinieblas (16:10).
6. El río Éufrates (9:13-14)	6. El río Éufrates (16:12).
7. Relámpagos y granizo (11:15,19)	7. Relámpagos y granizo (16:17-18,21).

La **primera copa** es contra la gente que se asocia con la maldad. La **segunda copa** es contra el mar (agua salada). La **tercera copa** es contra los ríos y manantiales (agua dulce). Luego hay un himno que declara que las acciones de Dios son justas:

Oí que el ángel de las aguas decía: "Justo eres tú, el Santo, que eres y que eras, porque juzgas así: ellos derramaron la sangre de santos y de profetas, y tú les has dado a beber sangre, como se lo merecen". Oí también que el altar respondía: "Así es, Señor, Dios Todopoderoso, verdaderos y justos son tus juicios".
Apocalipsis 16:5-7

La **cuarta copa** es contra el sol. La **quinta copa** es contra el trono de la bestia. La **sexta copa** es contra el río Éufrates por apoyar los reyes del oriente. Podemos esperar esta clase de plaga en cualquier momento de la historia humana. Todas apuntan a la séptima plaga, que es el juicio final que destruye todo.

Luego viene una advertencia: las personas ignoran las pagas (tal como los egipcios) y no se arrepienten. Pero Jesús dice que viene como un ladrón.

> *"¡Cuidado! ¡Vengo como un ladrón! Dichoso el que*
> *se mantenga despierto, con su ropa a la mano, no sea*
> *que ande desnudo y sufra vergüenza por su desnudez".*
> Apocalipsis 16:15

Hay dos tipos de ladrones: uno silencioso que entra a la casa cuando está vacía, o roba a las personas en la calle sin que se den cuenta. El segundo tipo de ladrón es el que saca su pistola y te dice cara a cara: "Dame todo lo que tienes de valor". Este último es el ladrón de la imagen que quiere darnos Juan en este capítulo. Todos van a ver a Jesús cuando regrese a la tierra, aunque no sabemos cuándo regresará.

La **séptima copa** es el regreso de Jesús y el juicio final. Este es el cuarto final registrado en el Apocalipsis. "Se acabó" (Apocalipsis 16:17), *"el tiempo ha terminado"* (Apocalipsis 10:6), y *"Todo se ha cumplido"* (Juan 19:30) son frases que indican que el proceso ha llegado a su final. Es muy importante notar el paralelismo entre los sellos, las trompetas y las copas.

6. La lucha contra la ramera y la bestia como motor de la historia (Apocalipsis 17:1-19:21)

Esta parte, más que el resto del libro, describe con mayor detalle a los enemigos de Dios (Babilonia). Los enemigos son descritos como ramera y bestia. La descripción tiene el propósito de que los enemigos de Dios nos causen repulsión. Notemos que la **ramera** (Apocalipsis 17:1-18) está en contraste con la **novia** (Apocalipsis 21:9-21).

Es importante subrayar que el término **Babilonia** no se refiere a una ciudad o lugar geográfico, sino a la oposición a Dios. La raíz de la palabra Babilonia es "Babel", lugar donde la gente se rebeló contra Dios[39],

---

39 Génesis 11.

es decir, "puerta del cielo". Fue construida por iniciativa del hombre. En hebreo el nombre se relaciona con el vocablo **balal**, que significa confusión[40].

La segunda fuente para comprender el símbolo es el imperio de Babilonia, descrito en Isaías, Jeremías, Habacuc, 2 Reyes, 2 Crónicas, y otros. Este imperio causó la destrucción de Jerusalén y el exilio. Se caracterizó por su **orgullo, arrogancia, idolatría, y oposición a Dios**. Además de esta arrogancia, era un pueblo mercantil que explotaban a los otros pueblos para sus propias ganancias. Todos los pueblos los admiraban y odiaban a la vez. Juan detalla los productos de comercio (Apocalipsis 18:11-18) de Roma, haciendo obvia su identificación de Babilonia con el Imperio Romano.

Estas dos fuentes, **"Babel"** y **"Babilonia"** forman el arquetipo de lo que Juan habla cuando se refiere a "Babilonia". Los imperios babilonio y romano, se opusieron a los judíos (y Roma a los cristianos) y destruyeron el templo. Una vez que los césares y Nabucodonosor se proclamaron divinos, es fácil aplicar el nombre Babilonia a Roma y a todos los políticos y sistemas opuestos a la fe cristiana.

El **cuerno** simboliza el poder y orgullo[41]. En Apocalipsis representa a los individuos que tienen el poder[42].

> *Los diez cuernos y la bestia que hemos visto le cobrarán odio a la prostituta. Causarán su ruina y la*

---

40 Leland Rykjen, James C. Wilhoit, y Temper Longman III, *Dictionary of Biblical imagery: An enciclopedic exploration of the images, symbols, motifs, metaphors, figures of speech and literary patterns of the Bible*, IVP. 1998. P. 85-86.
41 Ver Salmos 75:10; también Salmos 132:17 y Ezequiel 29:21 (N-C, RVG).
42 Xavier León-Defour. *Diccionario del Nuevo Testamento*, p. 162.

> *dejarán desnuda; devorarán su cuerpo y la destruirán con fuego, porque Dios les ha puesto en el corazón que lleven a cabo su divino propósito. Por eso, y de común acuerdo, ellos le entregarán a la bestia el poder de gobernar, hasta que se cumplan las palabras de Dios.*
> Apocalipsis 17:16-17

Debemos notar que **Dios causa que el mal destruya el mal**. La bestia mata a la ramera. Al igual que en Habacuc 1:5-11, Dios causa que el mal juzgue al mal. Ni Juan, ni Habacuc vieron la posibilidad de que la sociedad fuera cambiada por los creyentes. Estaban más allá de la posibilidad de transformación[43].

Después de la descripción a detalle, Dios destruye los falsos sistemas y falsos dioses que no nos permiten salir a servirle[44]. En estos dos capítulos la maldad recibe una cara humana: son personajes.

En la séptima parte de esta sección volvemos a ver al jinete del caballo blanco: Cristo (Apocalipsis 6:2). Este es el desfile de la victoria. El emperador ha triunfado y regresa a su capital para la fiesta. En verdad es *"Rey de reyes y Señor de señores"* (Apocalipsis 19:16), que ha derrotado a todas las personas y todos los sistemas que le han resistido en la historia.

El libro tiene una estructura elíptica en donde se repite el mismo tema varias veces, o enfoca la misma situación desde varias perspectivas.

---

43 Ver Ezequiel 27-28, que es un pasaje paralelo a Apocalipsis 18:11-16.
44 Comparar con Éxodo 5:2, "¿Y quién es el Señor respondió el faraón para que yo le obedezca y deje ir a Israel? ¡Ni conozco al Señor, ni voy a dejar que Israel se vaya!"

Investigación 5		
Lee los capítulos 17 al 19		
Capítulo	Qué dice acerca de Dios	Qué dice acerca de sus santos
17		
18		
19		

Apocalipsis 17 – La oposición

Aquí, otra vez en el Apocalipsis, Juan identifica la oposición al reino de Dios con el imperio de Roma. Las demás partes del libro no hicieron esta liga.

La identificación se presenta en varias formas:

1. Sitúa a Babilonia sobre siete colinas. Babilonia estaba en el lecho de un río sin lomas o montañas. Esto más bien corresponde a la geografía de la ciudad de Roma.
2. Los productos comerciales mencionados corresponden al impero romano.

En el capítulo 13, y en éste, las bestias representan al gobierno y sociedad opresores del pueblo de Dios. Aquí Babilonia representa una institución organizada, el establecimiento en contra de Dios. En otras palabras, toda la civilización estaba en contra de Dios, era un enemigo opuesto a sus planes.

Hoy la civilización, la cultura misma, se opone a Dios. Hay gobiernos opositores a Dios. Un ejemplo es la prohibición de hablar de Dios en las escuelas. Quizás tenemos una nueva bestia en nuestros tiempos. Todo el mundo (política, economía y religión) fornica con la ramera.

El tiempo en el Apocalipsis

Mencionamos que el Apocalipsis tiene varias secciones que terminan con una descripción de la destrucción final. Sólo la sección que habla de la iglesia no describe el final, debido a que la iglesia no tiene fin.

Las secciones que empezaron con los **sellos**, continúan con las **trompetas, personajes, copas, la caída de Babilonia**, y terminan con una descripción del **final del mundo**, sólo la última sección (Apocalipsis 20-22:6) habla del milenio y lo que sucederá después, es decir, la nueva creación, no tiene fin.

Las secciones previas sólo hablan de lo que pasa hasta el juicio final.

Al pensar en estas observaciones llego a la conclusión de que los eventos descritos en estos capítulos son **concurrentes y continuarán** ocurriendo hasta el fin. Son descripciones que se van a repetir hasta el final.

La ramera – La bestia

La ramera y la bestia parecen ser la misma, y a la vez distintas. En cuanto a la sección (17-19) que plantea la caída de Babilonia, la oposición entre Babilonia y el reino de Cristo son situaciones que se repiten periódicamente, entre la primera y la segunda venida de Cristo.

La caída de Babilonia (Apocalipsis 18)
> 1. Babilonia ha caído (Apocalipsis 18:1-3)
> 2. Que mi gente salga de Babilonia
> (Apocalipsis18:4-5)
> 3. Páguenle con la misma moneda
> (Apocalipsis 18:6-8)

Esto es un retorno a la situación del Éxodo. ***"Deja ir a mi pueblo al desierto para que me sirva"*** (Éxodo 7:18; 8:1; 8:20; 9:1; 9:13; 10:3). Dios quiere que su pueblo salga de la gran ciudad. Aquí, el motivo de salir es claro: no pecar, no adorar falsos dioses.

Este llamado a salir de Babilonia es paralelo a la salida de Egipto; debemos tomar en cuenta que la voluntad de Dios abarcaba a los egipcios, y que ellos lo conocieran, pues el llamado también era para ellos, de salir, dejar el pecado y adorarlo sólo a él. Las siguientes citas de Éxodo muestran la voluntad del Señor, como causante de la destrucción de Egipto. Así, Apocalipsis es una llamada para que el mundo sepa que Él es el Señor:

> *Cuando yo extienda mi mano sobre Egipto y saque de allí a los hijos de Israel, los egipcios van a saber que yo soy el Señor.*
> Éxodo 7:5

> *Con esto vas a saber que yo soy el Señor.*
> Éxodo 7:17

> *Así se hará, tal y como lo has dicho, para que sepas que no hay dios como el Señor nuestro Dios.*
> Éxodo 8:10

> *Esto es obra del dedo de Dios.*
> Éxodo 8:19

Porque esta vez voy a enviar a tu corazón, y a tus siervos y a tu pueblo, todas mis plagas, para que entiendas que no hay en toda la tierra otro dios como yo. Voy a extender. Ahora mi mano y a ti y a tu pueblo los heriré con una plaga, y tu dejarás de existir. A decir verdad, yo te he puesto para mostrar en ti mi poder, y para que mi nombre sea proclamado en toda la tierra.
Éxodo 9:14-16

Tan pronto como yo salga de la ciudad, extenderé mis manos al Señor y los truenos cesarán. Ya no habrá más granizo. Así sabrás que la tierra es del Señor.
Éxodo 9:29-30

... para que tú les cuentes a tus hijos y a tus nietos las señales que hice entre ellos en Egipto. Así sabrán que yo soy el Señor.
Éxodo 10:2

Ay, Ay, Ay de la gran ciudad (Apocalipsis18:9-15)
Ay, Ay, Ay de la gran ciudad (Apocalipsis 18:16-18)
Ay, Ay, Ay de la gran ciudad (Apocalipsis 18: 19-20)
Un ángel levantó una piedra del tamaño de una gran rueda de molino y la arrojó al mar diciendo: "Así también tú, Babilonia, gran ciudad, serás derribada con la misma violencia, y desaparecerás de la faz de la tierra...
Apocalipsis18:21-24

La victoria de Dios (Apocalipsis 19:1-21)

Al ver llegar la victoria de Dios sobre sus enemigos, los santos del Señor cantan cuatro veces ¡**Aleluya!** (Apocalipsis 19:1-6). Este es el único lugar en el Nuevo Testamento donde se usa este vocablo. *"¡Aleluya, porque el Señor nuestro Dios Todopoderoso reina!"* (Apocalipsis 19:5-6). Ya que nuestro enemigo ha sido eliminado, podrá comenzar la nueva era con cielos nuevos y tierra nueva. Ahora tendrán lugar las bodas del Cordero (19: 7-10).

• La victoria de Dios es el establecimiento de justicia y vindicación de la sangre de los mártires (Apocalipsis 19:2; ver 6:9-10).

• La victoria de Dios es por los siglos de los siglos, es decir, permanente (Apocalipsis 19:3), y resulta en su alabanza.

• La victoria de Dios es la unión de Dios con su pueblo (19:6b-8) y con su bendición (19:9).

El Ángel dice *"¡Dichosos los que han sido convidado a la cena de la bodas del Cordero!"* Estas son las palabras verdaderas de Dios". El propósito de la derrota de los enemigos y la profecía es la adoración sólo a Dios. Estamos más que dichosos de participar en esta cena. Este mensaje profético es inspirado sólo por Jesús (19:9-10).

La batalla es el resultado de la llegada de Cristo, el "Rey de reyes y Señor de señores", también llamado "el verbo de Dios", en juicio sobre sus enemigos (Apocalipsis 19:11-21).

• La victoria de Dios es la consumación del reino de Dios sobre las naciones (19:11-16).

• La victoria de Dios es la destrucción de sus enemigos, la bestia y el falso profeta (19:17-21).

7. La derrota de Satanás y sus consecuencias como motor de la historia (Apocalipsis 20:1-22:6)

Es importante afirmar, junto con Gordon Fee: *"Juan está haciendo una declaración teológica en el libro y no busca establecer una cronología"*. Dios es el soberano absoluto y no hay otro.

Ahora entramos al capítulo 20, pasaje que ha generado muchas opiniones. Unos creen que el milenio comenzó en cuanto la iglesia se unió al Estado, cuando Constantino proclamó el cristianismo como la religión oficial del Imperio[45], entre 313 y 325 d.C. Esta es la interpretación preterista. Otros creen que por medio de la proclamación del evangelio lograremos una sociedad ideal antes de que venga Jesús, es la postura postmilenialista. Otros creen que al venir a la tierra Jesús establecerá un reino que durará mil años; es la lectura premilenialista. Si el texto fuera fácil no habría tantas ni tan divergentes opiniones. Por esta razón debemos ser tolerantes con los que no están de acuerdo con nosotros al interpretar esta sección.

Algunas observaciones de lo que NO está en este capítulo[46]:
> A. El texto no menciona la segunda venida de Cristo a la tierra.
> B. No menciona que Cristo va a reinar en la tierra.
> C. Tampoco indica que este milenio sea el resultado de la segunda venida.
> D. Ni una resurrección de los cuerpos humanos.
> E. Ni trono(s) en la tierra.
> F. Ni Cristo reinando desde la tierra.
> G. Ni un trono literal (físico) de David.
> H. Ni la ciudad de Jerusalén.
> I. Ni Israel o Palestina.
> J. Ni un reino judío.
> K. Ni los justos en la tierra.
> L. Ni paz y prosperidad.
> M. Ni un templo físico.
> N. Ni los sacrificios restaurados.

---

45 Esta fusión entre poder político y autoridad religiosa en la misma persona es el motivo por el que hasta la fecha el Papa tiene una corona y los símbolos de la realeza.
46 Egerdahl. *Dispensacionalismo vs. la Biblia*, pp. 234-235.

O. Ni la salvación de los judíos.

P. Ni un mundo convertido.

Q. Ni la fertilidad de la tierra prometida.

R. Ni mil años de paz en la tierra.

Para muchas personas el milenio, es el reino temporal del Mesías sobre la tierra. Citan Isaías 11 para referirse al milenio, pero Isaías está describiendo la Nueva Creación. La idea de un milenio no se encuentra en los profetas (ni uno solo lo menciona, ni Daniel). La idea sólo se encuentra en libros no canónicos, como 4 Esdras 7:26-35, quien habla de un reino temporal mesiánico de 400 años, después del cual mueren todos, y en 2 Baruc 40:1-4, escrito en el segundo siglo d.C.[47]

El Milenio (Apocalipsis 20:1-6)

El milenio sólo se menciona aquí en todas las Escrituras. Estos versículos han provocado mucho debate en toda la historia. Gordon Fee describe esta sección como un interludio, ya que la sección anterior habla del juicio del **falso profeta y la bestia**. Sólo falta el juicio de **Satanás** para terminar con la derrota de la trinidad satánica que se presenta a continuación.

También está claro que Apocalipsis 19:19-21 y 20:7-15 presentan el juicio final; de manera que estamos ante una situación similar a la relación entre Apocalipsis 11:15-19 y capítulo 12 que arranca una nueva recopilación desde la creación hasta el final.

Juan no está describiendo un milenio como tal (un periodo de mil años). Juan usa los números en un sentido simbólico. Los mil años son simbólicos. Este símbolo proviene de Daniel 7:8-27 que narra el

---

47 Gordon Fee, *Apocalipsis*, Audio.

levantamiento y destrucción del pequeño cuerno, el cual va a ser derrotado por el Anciano de Días. Juan aplica Daniel 7 a la lucha de Roma contra el Hijo de Dios (o el Cristo) y su pueblo.

> *Mientras observaba yo, este cuerno libró una guerra contra los santos y los venció. Entonces vino el Anciano y emitió juicio en favor de los santos del Altísimo. En ese momento los santos recibieron el reino.*
> Daniel 7:21-22

> *Hablará en contra del Altísimo y oprimirá a sus santos; tratará de cambiar las festividades y también las leyes, y los santos quedarán bajo su poder durante tres años y medio. Los jueces tomarán asiento, y al cuerno se le quitará el poder y se le destruirá para siempre. Entonces se dará a los santos, que son el pueblo del Altísimo, la majestad y el poder y la grandeza de los reinos. Su reino será un reino eterno, y lo adorarán y obedecerán todos los gobernantes de la tierra.*
> Daniel 7:25-27

En Daniel 7:21-25 los santos van a ser derrotados por la bestia. Pero Daniel 7:22, 26 dice que la bestia va a ser derrotada por el Anciano de Días. En el siguiente texto dice que su poder va a pasar a Cristo y su pueblo; en 7:22, 26-27 el poder va a ser entregado a los santos. Juan toma el texto de Daniel y lo reescribe para ayudar los santos cuando enfrentan el martirio.

En Apocalipsis 6:9-12 encontramos la oración de los mártires, que perdieron sus vidas por su testimonio, pidiendo que Dios vengue su muerte y sufrimiento. Apocalipsis 13:5-8 indica que la bestia tiene autoridad para derrotar al pueblo santo de Dios. La pregunta es, entonces, si vale la pena dar la vida por Cristo (Apocalipsis 12:11). Aquí está la respuesta, porque en el capítulo 20 dice que los que han dado la vida por Cristo, *"...los que habían sido decapitados por causa del testimonio de Jesús... Volvieron a vivir y reinaron con Cristo mil años"* (Apocalipsis 20:4).

El milenio en el Apocalipsis sólo existe para dar un reconocimiento especial para los mártires. Todo cristiano es llamado a dar la vida por Cristo (ver Marcos 8:34-37).

¿Hasta cuándo reinará Cristo?

Muchas personas piensan que el milenio será un tiempo cuando Cristo tendrá un reino absoluto o una teocracia absoluta como uno de los viejos monarcas europeos. Pero esta no es la descripción de reino que nos dan las Escrituras.

Lo cierto es que Cristo ha sido levantado de entre los muertos, como primicias de los que murieron. De hecho, ya que la muerte vino por medio de un hombre, también por medio de un hombre viene la resurrección de los muertos. Pues, así como en Adán todos mueren, también en Cristo todos volverán a vivir. Pero cada uno en su debido orden: Cristo, las primicias; después, cuando él venga, los que le pertenecen. Entonces vendrá el fin, cuando él entregue el reino a Dios el Padre, luego de destruir todo dominio, autoridad y poder. Porque es necesario que Cristo reine hasta poner a todos sus enemigos debajo de sus pies[48]. El último enemigo que será destruido es la muerte, pues Dios "ha sometido todo a su dominio". Al decir que "todo" ha quedado sometido a su dominio, es claro que no se incluye a Dios mismo, quien todo lo sometió a Cristo. Y cuando todo le sea sometido,

---

48 Compárese con Salmos 110:1, "Así dijo el Señor a mi Señor: 'Siéntate a mi derecha hasta que ponga a tus enemigos por estrado de tus pies'".

*entonces el Hijo mismo se someterá a aquel que le
sometió todo, para que Dios sea todo en todos.*
1 Corintios 15:20-28

Aquí tenemos un problema serio. Si Apocalipsis 20 no se refiere al tiempo en que Cristo establecerá el milenio cuando venga, ¿a qué periodo se refiere? Tenemos otra indicación del tiempo al que se refiere aquí en el texto porque describe el periodo como tiempo entre dos resurrecciones. El único otro lugar en las Escrituras que habla de dos resurrecciones está registrado en el Evangelio de Juan 5:19-30 cuando Jesús afirma:

*Entonces Jesús afirmó: Ciertamente les aseguro que
el hijo no puede hacer nada por su propia cuenta, sino
solamente lo que ve que su padre hace, porque cualquier cosa que hace el padre, la hace también el hijo.
Pues el padre ama al hijo y le muestra todo lo que hace.
Sí, y aun cosas más grandes que éstas le mostrará, que
los dejará a ustedes asombrados. Porque, así como el
Padre resucita a los muertos y les da vida, así también
el Hijo da vida a quienes a él le place. Además, el Padre
no juzga a nadie, sino que todo juicio lo ha delegado
en el Hijo, para que todos honren al Hijo como
lo honran a él. El que se niega a honrar al Hijo
no honra al Padre que lo envió.*
[Primera resurrección] *Ciertamente les aseguro
que el que oye mi palabra y cree al que me envió, tiene
vida eterna y no será juzgado, sino que ha pasado de la
muerte a la vida. Ciertamente les aseguro que ya viene
la hora, y ha llegado ya, en que los muertos oirán la voz
del Hijo de Dios, y los que la oigan vivirán. Porque, así
como el Padre tiene vida en sí mismo, así también ha
concedido al Hijo el tener vida en sí mismo, y le ha dado
autoridad para juzgar, puesto que es el Hijo del hombre.*
[Segunda resurrección] *No se asombren de esto,
porque viene la hora en que todos los que están en los
sepulcros oirán su voz, y saldrán de allí. Los que han*

hecho el bien resucitarán para tener vida, pero los que han practicado el mal resucitarán para ser juzgados. Yo no puedo hacer nada por mi propia cuenta; juzgo sólo según lo que oigo, y mi juicio es justo, pues no busco hacer mi propia voluntad sino cumplir la voluntad del que me envió.
Juan 5:19-30

La primera resurrección

Pablo también se refiere a la primera resurrección, aunque no alude directamente a una segunda resurrección. Podemos ver su tratamiento del tema en el siguiente pasaje[49]:

Pero Dios, que es rico en misericordia, por su gran amor por nosotros, nos dio vida con Cristo, aun cuando estábamos muertos en pecados. ¡Por gracia ustedes han sido salvados! Y en unión con Cristo Jesús, Dios nos resucitó y nos hizo sentar con él en las regiones celestiales, para mostrar en los tiempos venideros la incomparable riqueza de su gracia, que por su bondad derramó sobre nosotros en Cristo Jesús.
Efesios 2:4-7

La segunda resurrección

Ésta es la primera resurrección; los demás muertos no volvieron a vivir hasta que se cumplieron los mil año-so . Dichosos y santos los que tienen parte en la primera resurrección. La segunda muerte no tiene poder sobre ellos, sino que serán sacerdotes de Dios y de Cristo, y reinarán con él mil años.
Apocalipsis 20:5-6

Si tenemos vida eterna por haber creído en Jesús, la segunda muerte no tiene poder sobre nosotros. Esto indicaría que el milenio describe el periodo entre la resurrección de Jesús y su regreso a la tierra.

---

49 Ver también Romanos 6:4 y Colosenses 3:1.

La derrota de Satanás como motor del cambio de guerra a paz (Apocalipsis 20:7-10)

La derrota de Satanás marca el cambio de un periodo de guerra a un periodo de paz. Al terminar el milenio, Satanás es juzgado. El último enemigo es eliminado. Jesús sale triunfante. Los enemigos de Dios están en el lago de fuego.

El juicio final (Apocalipsis 20:11-15)

La derrota de Satanás también marca el momento del juicio a los humanos. Este juicio marca el paso de algunos a la vida eterna; y la segunda muerte para los que no han sido fieles a Dios. Una vez eliminada la oposición, Juan describe cómo será la nueva creación de Dios.

La meta de la historia es que la tierra y el hombre puedan cumplir la función para la cual fueron creados. La visión aquí, al final del Apocalipsis, es la de una creación que cumple el propósito para el cual fue creada. Esto sólo ocurre por medio de la muerte y resurrección de Jesús.

La nueva Jerusalén para el pueblo de Dios (Apocalipsis 21:1-22:6)
Dios y su pueblo (Apocalipsis 21:1-8)

La nueva Jerusalén está ubicada en una nueva tierra, bajo un nuevo cielo. La nueva Jerusalén baja o viene de Dios; esto contrasta con la peregrinación del hombre a Jerusalén. Dios estará en medio de su pueblo[50]. Dios cumple la esperanza del Antiguo Testamento, "Dios mismo estará con ellos y será su Dios". (Apocalipsis 21:3). En este lugar no habrá lágrimas,

---

50 Ver Isaías 7:14, "Por eso, el Señor mismo les dará una señal: La joven concebirá y dará a luz un hijo, y lo llamará Emanuel"; compárese con Mateo 1:23, que cita a Isaías: "La virgen concebirá y dará a luz un hijo, y lo llamarán 'Emanuel' (que significa 'Dios con nosotros')".

ni muerte, ni llanto, ni lamento, ni dolor. Todo es nuevo. Allí habitará el que salga "vencedor" (Apocalipsis 2:7; 2:11; 2:17; 2:26; 3:5; 3:12; y 3:21); pero *"los cobardes, los incrédulos, los abominables, los asesinos, los que cometen inmoralidades sexuales, los que practican artes mágicas, los idólatras y todos los mentirosos recibirán como herencia el lago de fuego y azufre. Ésta es la segunda muerte"* (Apocalipsis 21:8).

La ciudad santa (Apocalipsis 21:9-14)

Los siete ángeles representan la ciudad santa en toda su gloria. Habrá doce puertas con los nombres de las doce tribus de Israel. Tendrá doce cimientos con los nombres de los "doce apóstoles del Cordero". Así está representado todo el pueblo de Dios. Además, estará adornada con doce piedras preciosas.

Las medidas de la ciudad (Apocalipsis 21:15-21)

La ciudad es un cubo que es una versión más grande del lugar santísimo. Mide 2,200 kilómetros. Las medidas y decoración indican que es una ciudad gloriosa.

La luz de la ciudad (Apocalipsis 21:22-27)

La ciudad no tiene necesidad de un templo porque Dios mismo es su templo. No tiene necesidad de luz, ya que el Cordero es su lumbrera. Las puertas de la ciudad siempre estarán abiertas, y no habrá ninguna cosa inmunda en ella. Será habitada por los que están inscritos en el libro de la vida del Cordero (Apocalipsis 21:27).

El árbol de la vida (Apocalipsis 22:1-6)

Dios hace un nuevo Edén, excluyendo por completo al pecado y sus resultados. El río que da vida procede del trono de Dios (Ezequiel 47) y sana a las naciones. Ya no hay maldición. No habrá noche, ni lámparas ya que la fuente de luz les va a iluminar: Dios el Señor los iluminará (Apocalipsis 22:5).

Reflexión - Escribe tus impresiones acerca de la vida en la presencia de Dios

Epílogo (Apocalipsis 22:7-21)

Varios temas importantes aparecen al final del libro, dando cierre al mismo. Entre los aspectos principales, encontramos los siguientes:

El anhelo de que Jesús venga (Apocalipsis 22:7-17)

Ya desde el primer capítulo, Juan expresa este anhelo, hablando del retorno de Jesús como evento triunfal, y como un deseo ardiendo en el corazón de los creyentes[51]:

> *¡Miren que viene en las nubes! Y todos lo verán con sus propios ojos, incluso quienes lo traspasaron; y por él harán lamentación todos los pueblos de la tierra. ¡Así será! Amén.*
> Apocalipsis 1:7

Basta con leer las afirmaciones finales acerca del regreso de Jesús para llenar el alma de expectativa, y renovar la esperanza. Es lo que Juan expresa y enseña a sus lectores.

> *¡Miren que vengo pronto! Dichoso el que cumple las palabras del mensaje profético de este libro.*
> Apocalipsis 22:7

> *¡Miren que vengo pronto! Traigo conmigo mi recompensa, y le pagaré a cada uno según lo que haya hecho.*
> Apocalipsis 22:12

> *El Espíritu y la novia dicen: "¡Ven!"; y el que escuche diga: "¡Ven!" El que tenga sed, venga; y el que quiera, tome gratuitamente del agua de la vida.*
> Apocalipsis 22:17

> *El que da testimonio de estas cosas, dice: "Sí, vengo pronto". Amén. ¡Ven, Señor Jesús!*
> Apocalipsis 22:20

---

51 Ver también 2 Timoteo 4:8.

¿Transformación de la sociedad?

Encontramos un comentario contundente al respecto de este tema en Apocalipsis:

> *También me dijo: "No guardes en secreto las palabras del mensaje profético de este libro, porque el tiempo de su cumplimiento está cerca. Deja que el malo siga haciendo el mal y que el vil siga envileciéndose; deja que el justo siga practicando la justicia y que el santo siga santificándose".*
> Apocalipsis 22:10-11

Se nota que Juan no está pensando que los cristianos van a transformar la sociedad. Más bien, ve a la sociedad como un enemigo de Dios. La única manera para tener una sociedad en paz es teniendo paz con Dios. Si uno no ha logrado paz con Dios, Dios es su enemigo hasta la muerte.

Advertencia de no modificar las palabras (Apocalipsis 22:18-19)

En Deuteronomio encontramos dos veces una advertencia similar: *"No añadan ni quiten palabra alguna a esto que yo les ordeno"* (4:2); y *"Cuídate de poner en práctica todo lo que te ordeno, sin añadir ni quitar nada"* (12:32). Juan cierra su Apocalipsis con la fórmula que cierra los pactos:

> *A todo el que escuche las palabras del mensaje profético de este libro le advierto esto: Si alguno le añade algo, Dios le añadirá a él las plagas descritas en este libro. Y si alguno quita palabras de este libro de profecía, Dios le quitará su parte del árbol de la vida y de la ciudad santa, descritos en este libro.*
> Apocalipsis 22:18-19

Conclusiones:
¿Por qué es importante el Apocalipsis hoy?

En el Apocalipsis hemos visto siete veces toda la historia entre la resurrección de Jesús y su segunda venida. Las iglesias, los sellos, las trompetas, los siete personajes, las copas, la destrucción de babilonia, y el milenio. Cada vez que Juan relata la historia lo hace desde una perspectiva distinta[52].

Juan ve a Jesucristo activo en los asuntos de este mundo. No está pasivo esperando que la gente lo siga. Juan ve un conflicto de vida o muerte entre la maldad y Jesús en el tiempo actual. Así, el libro de Apocalipsis interpreta el tiempo presente con la seguridad de que Jesús va a vencer y llevar a sus seguidores (su pueblo, la iglesia) a un lugar donde podemos tener comunión con Dios (ver Éxodo 5:1).

El lenguaje de Juan está dirigido a la comunidad cristiana. No tiene referencias a las prácticas del judaísmo, no menciona en ninguna parte que los judíos van a tener el domino sobre el mundo. Estas ideas provienen más del Antiguo Testamento cuando hablaba de una edad mesiánica; y todas estas profecías se cumplen en Jesús.

La revelación de Apocalipsis es sumamente importante para nosotros en el presente. Aquí damos algunas razones que dan cuenta de por qué es importante el Apocalipsis hoy:

1. Porque Jesús está presente en la iglesia actualmente.
2. Porque Dios está reinando en el mundo hoy.
3. Porque Cristo está a cargo del desarrollo de la historia.

---

52 Hendriksen. Más que vencedores.

4. Porque Dios va a vengar la sangre de los mártires que dieron sus testimonios y sus vidas por su causa.

5. Porque Dios está llamando a la gente a arrepentirse de sus pecados.

6. Porque hay una gran batalla entre Jesús y Satanás hoy (ver Génesis 3:15).

7. Porque Dios está utilizando todo para ganar la batalla. Aún la naturaleza lucha a favor de los santos de Dios.

8. Porque Dios mantiene su ira contra la gente que no cree en él hoy.

9. Porque Dios juzgará a los que se oponen a su plan para este mundo.

10. Porque Cristo va a vencer a todos sus enemigos. "El último enemigo que será destruido es la muerte" (1 Corintios 15:26).

11. Porque los santos están reinando con él actualmente.

12. Porque Dios tiene preparado un lugar en la eternidad para su pueblo.

13. Porque hay un galardón para los que sirven a Dios.

14. Porque Dios cumple su Palabra.

Reflexión final - ¿Cuál crees tú que fue el propósito de Juan al escribir este libro?

BIBLIOGRAFÍA

ALEXANDER, Pat y David. *El nuevo Manual Bíblico Ilustrado*. Tercera edición. Editorial Unilit. Eslovenia: 2004.

BOER, Harry R. *The Book of Revelation*. Eerdmans.

BEALE, G. K. "Revelation, the book of" en ALEXANDER, et. al. *New Dictionary of Biblical Theology*, IVP.

DUVALL, J. Scott y J. Daniel Hays. *Hermenéutica: Entendiendo la Palabra de Dios*. Editorial CLIE. Colombia: 2008. Colección Teológica Contemporánea #26.

EGERDAHL, John C. *Dispensacionalismo vs. la Biblia*.

FEE, Gordon y Douglas Stuart. "Apocalipsis" en *La lectura eficaz de la Biblia*. Editorial Vida. EUA: 1985.

FEE, Gordon Fee. Apocalipsis. Audio de Regent College. Vancouver, Canadá.

FRAME, John. *Systematic Theology: An introduction to Biblical doctrine, Presbiterian and Reformed*, 2013. Escatología p. 1075-1100,

GALAN, Benjamin. *Cómo interpretar el libro de Apocalipsis*. Broadman & Holman Español.

GERSTNER, John H. *Wrongly dividing the word of trucha: a critique of dispensacionalism*. Apologetics Group Media, 2000.

GOLDSWORTHY, Graeme. *El cordero y el león*. Editorial Torrentes de Vida. México: 2007. Colección Teológica.

HANEGRAAFF, Hank. *El Código del Apocalipsis*. Grupo Nelson.

GRAU, José. *Escatología*. CLIE.

GRAU, José. *Apocalipsis*. Ediciones Evangélicas Europeas.

GRUDEM, Wayne. *Teología sistemática*. Editorial Vida. EUA: 2007[53].

HENDRICKSEN, William. *Más que vencedores*. Libros Desafío.

HORTON, Michael. *The Christian Faith: A systematic Theology for Pilgrams on the Way*. Zondervan, 2011. Part Six: Escatología, pp. 906-990.

JACQUETON, Jaques Gabayet. *Hacia el nuevo milenio: Estudios sobre mesianismo, identidad nacional y socialismo*[54]. Editorial Villicaña, 1986.

KEENER, Craig S. *Comentario del contexto cultural de la Biblia: Una herramienta indispensable para la major*

---

53 Ver especialmente sección sobre la doctrina del futuro en que presenta argumentos a favor y en contra de muchas de las interpretaciones que salen del Apocalipsis, pp. 1149-1230.

54 Compilación de las ponencias del simposio "Hacia el nuevo milenio", en el Palacio de Minería, 1984, con la participación de Humberto Martínez, Rubén Dri, Jorge Pixle, Augusto Ángel Maya, Miguel Concha Malo, José Manuel del Val, Antonio Passante, Jan Patula, Julio Amador Bech, Elisea Ramirez, Teresa Waisman, Lucero Gonález, Roberto Follari, Leopoldo Zea, Salomón Nahmad Sittón, Guillermo Bonfil, Jacques Gabayet, J. Jean-Pierre Bastián, Javier Torres Paréss, y Carlos Monsiváis.

comprensión del Nuevo Textamento. Editorial Mundo Hispano, 2003.

KEENER, Craig. *Apocalipsis del texto bíblico a una aplicación contemporánea*. Editorial Vida, 2013.

KISTEMAKER, Simon J. *Comentario al Nuevo Testamento: Apocalipsis*. Libros Desafío. EUA: 2008.

LEÓN-DEFOUR, Xavier. *Diccionario del Nuevo Testamento*. Ediciones Cristiandad.

MORRIS, León. *Apocalipsis*. Certeza

MOUNCE, Robert. *Apocalipsis*, CLIE.

PETERSON, Eugene. *Reversed Thunder*. Harper Collins.

RIDDELBARGER, Kim. *The case for Amilenialism*.

THISELTON, Anthony, *Hermeneutics: An Introduction*. Eerdmans, 2009.

Un comentario de Apocalipsis centrado en la soberanía

Apocalipsis y Soberanía

Apocalipsis quiere decir revelación, desvelar. Quitar lo que estorba la vista. Es decir que que el libro revela a la soberanía de Dios

Apocalipsis 1:8; 21:6 y 22:13

"Yo soy el Alfa y la Omega (3x) –dice el Señor Dios–, el que es y que era y que ha de venir (2x), el Todopoderoso (9x)" .

([x] cantidad de veces que se repite la frase a lo largo del Apocalipsis)

Este versículo da uno de los temas del libro que domina los contenidos. Vamos a ver cómo este se repite en todo el libro. No todo se explica. Pero el libro muestra que Dios está en control de lo que pasa en la tierra. No hay nada que pueda resistir a Dios, el Soberano.

Capítulo 1 El prólogo

¿Cuál es la naturaleza de la interpretación del Apocalipsis y la ciencia: literal o simbólico?

Hoy la interpretación es anti-simbolista en la interpretación de la ciencia y liberalismo.

Hay dos hombres que nacieron con un año de diferencia y creo que representan lo que estaba pasando en el ambiente académico. Uno es **Augusto Comte** –positivismo– y el otro es **John Nelson Darby** –dispensacionalismo–. Los dos nacieron por el año 1800. Ambos cambiaron el enfoque en la ciencia y teología de lo simbólico a lo físico matemático y en la religión de lo simbólico a lo "literal-físico".

Muchas cosas tienen diferentes significados si el enfoque es físico o simbólico. Mil años, una bestia, una novia, un relámpago, un sello, 144,000, un sello, una copa, un mar de cristal, babilonia, un trompeta, granizo, resurrección, un cubo, tronos, prisión, libros, God y Magog, una batalla, lavar ropa, templo, 12 puertas, 24 ancianos, comer la carne de reyes, una ramera, adorar la imagen de la bestia, las plagas salen del templo, la tierra es segada, dos bestias, etc.

Paul Ricoeur comentó que el occidente perdió su capacidad de interpretar verdades simbólicas.

En el prólogo del Apocalipsis, la soberanía se describe principalmente a través de la figura de Jesucristo. Él es presentado como el gobernante de los reyes de la tierra, lo que implica su autoridad suprema sobre toda la creación y las naciones. La soberanía de Cristo no solo es terrenal, sino también celestial y eterna.

Títulos que Describen la Soberanía de Cristo

El autor de Apocalipsis, Juan, utiliza varios títulos y descripciones para enfatizar la soberanía absoluta de Jesús:

1. *"El que es, y que era, y que ha de venir"* Ap. 1:8 y 4:8: Este título lo equipara con el propio Dios, subrayando su eternidad y su existencia fuera del tiempo.

2. *"El fiel y verdadero testigo"*: Esto destaca su integridad y la veracidad de su mensaje, elementos clave de un gobernante justo.

3. *"El primogénito de los muertos"*: Este título se refiere a su resurrección, que lo establece como el victorioso sobre la muerte, el último enemigo.

Esta victoria es la base de su autoridad y poder inquebrantables.

4. *"El soberano de los reyes de la tierra"*: Es la descripción más explícita de su soberanía en el prólogo. Directamente lo sitúa por encima de cualquier poder político o humano.

La Realeza y el Sacerdocio de los Creyentes

Además de la soberanía de Cristo, el prólogo también menciona cómo su autoridad se extiende a sus seguidores. Se dice que Él *"nos hizo un reino y sacerdotes para su Dios y Padre"*. Esta frase significa que, a través de Cristo, los creyentes participan en su realeza y soberanía, aunque de forma subordinada. No son meros súbditos, sino que comparten una posición de autoridad espiritual y de servicio divino. Este concepto subraya que la soberanía de Cristo no es un poder opresivo, sino que capacita a sus seguidores para reinar con Él (Ver 1 Pedro 2:1-10).

Según **G. K. Beale** el Apocalipsis describe su propio contenido como simbólico en el capítulo 1:1. Se usa la palabra en griego *semaino* o simboliza, es decir comunicar por símbolos (Beale, Apocalipsis, Teología para vivir, p.13, 2023).

Capítulos 2 y 3 Las Iglesias

En los capítulos 2 y 3 de Apocalipsis, donde se encuentran las cartas a las siete iglesias, el concepto de "esferas de soberanía" no se aborda en el contexto de grandes imperios o batallas cósmicas, como en otras partes del libro. En cambio, se centra en la soberanía de Jesucristo sobre su Iglesia y, en menor medida, en la soberanía de la elección individual de los creyentes.

1. La Esfera de Soberanía de Jesucristo

El mensaje principal de estas cartas es la autoridad absoluta de Cristo sobre sus comunidades. Cada carta comienza con una descripción de Jesús que resalta su poder y conocimiento. Su soberanía se manifiesta de las siguientes maneras:

- **Conocimiento Absoluto**: Jesús se presenta como el que "conoce tus obras". Él tiene una visión completa de la condición espiritual de cada iglesia, sus luchas, su fidelidad y sus compromisos. Su soberanía es total porque nada le es oculto.

- **Autoridad para Corregir y Recompensar**: Jesús no solo observa, sino que también ejerce su autoridad al dar mandatos directos ("arrepentíos," "sé fiel hasta la muerte") y al prometer recompensas a los vencedores. Él es el único con el poder de otorgar el acceso al árbol de la vida, de dar el maná escondido, de escribir el nombre de los fieles en el libro de la vida, y de sentar a los victoriosos en su trono.

- **Control sobre el Futuro**: Jesús advierte a las iglesias sobre las consecuencias de su infidelidad, como la remoción de su candelero o la lucha contra ellos con la "espada de su boca". Esto demuestra que el destino de cada comunidad está bajo su soberanía.

2. La Esfera de Soberanía de la Elección Humana

Aunque la soberanía de Cristo es suprema, estas cartas también resaltan una segunda esfera: la de la elección y la voluntad de los creyentes.

• Responsabilidad Individual y Comunitaria: La repetida frase *"El que tiene oído, oiga lo que el Espíritu dice a las iglesias"* subraya que cada persona y cada comunidad tienen la soberanía para decidir si obedecen o no el mensaje de Cristo.

• Contraste entre la Fidelidad y el Compromiso: El mensaje a las iglesias de Esmirna y Filadelfia elogia su fidelidad inquebrantable, incluso en la tribulación. En contraste, las cartas a Pérgamo, Tiatira, Sardis y Laodicea condenan su compromiso con las influencias mundanas. Estas iglesias ejercieron su propia voluntad al ceder a las presiones externas, lo que los puso en conflicto con la soberanía de Cristo.

En conclusión, en Apocalipsis 2 y 3, las "esferas de soberanía" no son poderes globales, sino la **soberanía divina de Cristo sobre su pueblo** y la **soberanía limitada del ser humano** para elegir entre obedecer o rechazar esa autoridad. La tensión entre estas dos esferas define el drama de la vida de la Iglesia.

Capítulos 4-8:5. Los Sellos

En los capítulos 4 y 5 del Apocalipsis, la narrativa se traslada del plano terrenal a la corte celestial, revelando las esferas de soberanía más importantes y supremas de todo el universo. A través de poderosas imágenes simbólicas, se establece la fuente de toda autoridad y poder.

1. La Esfera de Soberanía Absoluta del Padre (Apocalipsis 4)

Este capítulo presenta un trono en el cielo, que es el centro indiscutible de todo el cosmos.

- **El Trono**: Representa el asiento de la autoridad final y absoluta. Todo lo demás se organiza en relación con este punto.

- **El que está Sentado en el Trono**: Se describe a Dios con la apariencia de piedras preciosas y rodeado de un arcoiris, simbolizando su perfección, santidad y fidelidad. Su presencia es tan gloriosa que no se le puede describir con rasgos humanos.

- **Los 24 Ancianos**: Representan al pueblo redimido de Dios (la Iglesia y los santos del Antiguo Testamento) y están sentados en tronos alrededor del trono principal. Su acto de arrojar sus coronas ante el trono demuestra que toda autoridad humana, por alta que sea, es derivada y subordinada a la soberanía de Dios.

Esta visión establece que la soberanía de Dios Padre es la esfera primordial, la fuente de toda existencia y de todo poder.

2. La Esfera de Soberanía Única del Cordero (Apocalipsis 5)

En este capítulo, se introduce un segundo soberano, cuya autoridad es especial y ganada a través del sacrificio.

- **El Libro Sellado**: La escena se centra en un libro con siete sellos en la mano del que está sentado en el trono. Este libro representa el plan de Dios para la historia, y la pregunta es quién es digno de abrirlo y ejecutar ese plan.

- **El León que es Cordero**: Se presenta a Jesucristo primero como un "León de la tribu de Judá," que ha vencido. Pero cuando se le ve, es un "Cordero como inmolado". Esta dualidad es fundamental. Su soberanía no se basa en el poder militar, sino en su victoria sobre el pecado y la muerte a través de su sacrificio.

- **La Adoración Universal**: El clímax del capítulo es cuando el Cordero toma el libro. Esta acción provoca que toda la creación –los ancianos, los seres vivientes, los ángeles y cada criatura en el universo– se postre para adorarlo. Le cantan un cántico nuevo, declarándolo digno de recibir "el poder, las riquezas, la sabiduría, la fuerza, la honra, la gloria y la alabanza".

En conclusión, en Apocalipsis 4 y 5 se revelan las dos esferas de soberanía supremas y co-iguales:

- La soberanía de Dios el Padre: Absoluta, eterna e inherente.

• La soberanía de Jesucristo (el Cordero): Una soberanía única y mediadora, ganada a través de su sacrificio, que lo hace digno de ejecutar el plan de Dios y de recibir la adoración de toda la creación.

Capítulos 6 y 7

En Apocalipsis capítulos 6 y 7, la soberanía de Dios se describe a través de varias esferas de control, cada una revelando un aspecto diferente de Su autoridad final sobre el mundo y su pueblo.

En este capítulo, la soberanía de Dios se manifiesta principalmente en la apertura de los sellos por el Cordero (Jesucristo). Esta acción desencadena una serie de eventos catastróficos que demuestran que, incluso en el caos de la tribulación, el control pertenece a Dios.

• **Soberanía sobre los Juicios**: La apertura de los sellos (representados por los cuatro jinetes) demuestra que Dios tiene el control total sobre los eventos de guerra, hambre, enfermedad y muerte. Estos jinetes no actúan por su cuenta, sino que se les "dio poder" para ejercer su juicio. La soberanía de Cristo se muestra al ser Él, el Cordero, quien tiene la autoridad para abrir los sellos y desatar estos eventos.
• **Soberanía sobre el Juicio de la Humanidad**: En el quinto sello, las almas de los mártires claman a Dios pidiendo venganza, preguntando: "¿Hasta cuándo, Señor, santo y verdadero, no juzgas y vengas nuestra sangre?" Su clamor es un reconocimiento de que la soberanía sobre la justicia pertenece a Dios y que solo Él tiene el derecho y el poder para juzgar a los que moran en la tierra.

• Soberanía sobre la Naturaleza y el Cosmos: El sexto sello describe una serie de cataclismos cósmicos (terremotos, el oscurecimiento del sol, la luna como sangre), lo que demuestra que la autoridad de Dios se extiende sobre la creación misma. La respuesta de los reyes y los habitantes de la tierra, que claman a las rocas para que caigan sobre ellos y los escondan "de la ira del Cordero," es un reconocimiento forzado de esta soberanía divina ineludible.

Apocalipsis 7: La Soberanía sobre la Salvación y la Protección de los Sellados

Este capítulo sirve como una pausa en la secuencia de juicios, revelando que la soberanía de Dios también opera en la protección y la redención de Su pueblo.

• **Soberanía para Sellar y Proteger**: Un ángel aparece para detener los juicios que iban a caer sobre la tierra, el mar y los árboles, hasta que los siervos de Dios sean sellados en sus frentes. Este acto de sellar a los 144,000 de las tribus de Israel es un acto de soberanía divina para preservar a Su pueblo en medio de la tribulación. El sello es una marca de propiedad y protección, un recordatorio de que Dios es el dueño de Su pueblo.

• **Soberanía sobre la Redención Global**: La visión de la "gran multitud" de "todas las naciones, tribus, pueblos y lenguas" de pie ante el trono y el Cordero revela que la soberanía de Dios en la salvación no se limita a Israel. Esta multitud inconmensurable, vestida de blanco, ha "salido de la gran tribulación" y atribuye su salvación a Dios y al Cordero.

• **Soberanía sobre la Adoración**: El clamor unificado de la gran multitud: *"La salvación pertenece a nuestro Dios que está sentado en el trono, y al Cordero"*, es la manifestación más alta de Su soberanía. Muestra que la autoridad de Dios no solo se ejerce en el juicio, sino que se reconoce y se celebra en la adoración universal. Dios es el único que merece toda la gloria, la sabiduría, la gratitud y la fortaleza.

En resumen, mientras que Apocalipsis 6 presenta la soberanía de Dios sobre el juicio y el caos del mundo, Apocalipsis 7 revela Su soberanía sobre la salvación, la protección y la adoración de Su pueblo. Juntos, los capítulos demuestran que, a pesar del desorden en la tierra, la mano de Dios está en control de cada evento, y Su propósito final es la redención y la glorificación de quienes le pertenecen.

Capítulos 8:6-11:19 Las trompetas

Aquí está lo que la Biblia describe que sucede con cada una de las siete trompetas:

• **Primera Trompeta**: Cae sobre la Tierra granizo y fuego mezclados con sangre. Se quema una tercera parte de la Tierra, de los árboles y toda la hierba verde.

• **Segunda Trompeta**: Una "gran montaña ardiendo en fuego" es arrojada al mar. Como resultado, una tercera parte del mar se convierte en sangre, una tercera parte de la vida marina muere y una tercera parte de los barcos es destruida.

• **Tercera Trompeta**: Cae del cielo una gran estrella, llamada "Ajenjo", que contamina una tercera parte de los ríos y de las fuentes de agua dulce, volviéndolas amargas.

• **Cuarta Trompeta**: Una tercera parte del sol, la luna y las estrellas es herida, lo que causa que una tercera parte del día y de la noche queden sin luz.

• Quinta Trompeta: Se abre el "pozo del abismo" y de él salen langostas con poder de escorpiones. Estas criaturas atormentan a quienes no tienen el sello de Dios en la frente.

• Sexta Trompeta: Se desatan a cuatro ángeles que habían sido atados. Estos ángeles liberan una caballería de doscientos millones de jinetes, cuyas plagas matan a una tercera parte de la humanidad.

Siete Truenos, *Una voz del cielo me dijo que no lo escribiera* (Apocalipsis 10:1-4).

En los días de la séptima trompeta (Apocalipsis 10:7). Anuncio de la consumación del plan de Dios cuando comienza a tocar la séptima trompeta. El plan de Dios termina en Apocalipsis 11:15-19. Esto significa que el libro tiene varios finales.

• Séptima Trompeta: Se escuchan voces fuertes en el cielo que anuncian que "los reinos del mundo han venido a ser de nuestro Señor y de su Cristo", y se declara que Él reinará por los siglos de los siglos.

En conclusión, el texto del Apocalipsis describe juicios y plagas de la naturaleza, no "esferas" como tal.

Capítulos 12-14 Los siete personajes

En Apocalipsis 12-14, los personajes simbólicos no describen "esferas de soberanía" con ese término, pero sí representan distintas esferas de autoridad o poder que están en conflicto en el drama del fin de los tiempos. Este pasaje, considerado por muchos como el corazón del Apocalipsis, presenta una batalla cósmica entre el bien y el mal. Los personajes principales son:

La Mujer Vestida del Sol y el Niño

La mujer, con el sol por vestido, la luna bajo sus pies y una corona de doce estrellas, representa al pueblo de Dios, tanto el Israel del Antiguo Testamento como la Iglesia del Nuevo Testamento. Ella es la esfera de soberanía divina sobre la que Dios ejerce su protección. El niño que da a luz es Jesucristo, quien sube al trono de Dios para gobernar con autoridad absoluta. Este nacimiento y ascenso simbolizan el establecimiento del reino de Dios sobre toda la creación. La soberanía de Dios se manifiesta en la protección de su pueblo y la victoria de su Mesías sobre las fuerzas del mal.

El Dragón y las Dos Bestias

El gran dragón rojo representa a Satanás, la fuente de toda maldad y engaño. Es un usurpador de la soberanía de Dios, buscando activamente destruir al Mesías y a Su pueblo. Las dos bestias que surgen bajo su influencia son sus agentes para ejercer su poder en la Tierra:

- **La Bestia del Mar:** Representa el poder político y gubernamental que recibe su autoridad del dragón. Su soberanía es de naturaleza terrenal y coercitiva, buscando la adoración de los hombres y persiguiendo a los santos. A menudo se le asocia con imperios opresores o sistemas políticos que se oponen a Dios.

- **La Bestia de la Tierra**: Simboliza un poder religioso o cultural que promueve y legitima la autoridad de la bestia del mar. Su soberanía se basa en el engaño y en la imposición de una falsa adoración, obligando a las personas a someterse al sistema de la primera bestia. Actúa como un falso profeta.

Los 144,000

Este grupo de personas representa a los fieles de Dios que han sido redimidos y sellados. Su soberanía no es de este mundo, sino que se manifiesta en su lealtad inquebrantable a Cristo. Se oponen a la falsa soberanía del dragón y las bestias, cantando un cántico nuevo que nadie más puede aprender. Su existencia demuestra la victoria de la soberanía de Dios sobre la falsa autoridad del mundo.

Las dos segadas Ap 14:14-20. El dueño recoge su cosecha

En resumen, Apocalipsis 12-14 describe una lucha de soberanía. Por un lado, está la soberanía divina ejercida por Dios y su pueblo; por el otro, la soberanía usurpada por Satanás y sus agentes políticos y religiosos, en un intento de imitar y subvertir el verdadero reino de Dios.

Apocalipsis 15-16. Las copas de ira

En los capítulos 15 y 16 del Apocalipsis, no se hace mención de "esferas". Lo que se describe es el derramamiento de las siete copas de la ira de Dios. Estas copas son recipientes simbólicos llenos de la ira divina que se derrama en una serie de juicios finales sobre la Tierra.

El concepto de "esfera" se aplica aquí de manera conceptual y metafórica para entender los dominios o ámbitos sobre los que se ejerce el juicio. Cada copa afecta a una esfera distinta de la creación o de la actividad humana:

Esferas Afectadas por las Copas:

- **Primera Copa (Esfera de la Salud Humana):** Se derrama sobre la Tierra, causando llagas malignas en quienes tienen la marca de la bestia y adoran su imagen.

- **Segunda Copa (Esfera de los Océanos):** Afecta al mar, que se convierte en sangre y toda criatura viviente en él muere.

- **Tercera Copa (Esfera del Agua Dulce):** Afecta a los ríos y fuentes de agua, que también se convierten en sangre, simbolizando el juicio justo de Dios sobre quienes derramaron la sangre de los santos.

- **Cuarta Copa (Esfera del Clima)**: Se derrama sobre el sol, que adquiere el poder de quemar a la gente con fuego.

- **Quinta Copa (Esfera del Poder Político)**: Se derrama sobre el trono de la bestia, sumiendo su reino en tinieblas y dolor.

- **Sexta Copa (Esfera de la Guerra)**: Afecta al río Éufrates, que se seca para preparar el camino para los reyes de Oriente, reuniéndolos para la batalla de Armagedón.

- **Séptima Copa (Esfera del Aire y la Creación)**: Se derrama en el aire, provocando un terremoto global de tal magnitud que divide la "gran ciudad" en tres partes y las islas y montañas desaparecen.

En este pasaje, los juicios se derraman sobre esferas específicas del mundo físico y político, mostrando que la ira de Dios es total y abarca todos los aspectos de la creación que han sido corrompidos.

Capítulos 17-19 La soberanía sobre la oposición: Babilonia

En los capítulos 17 a 19 del Apocalipsis, no se mencionan "esferas" directamente. Sin embargo, el texto describe el juicio sobre una entidad conocida como "Babilonia la Grande", y en el proceso, se expone y se juzga a varias esferas de soberanía terrenal. Estas esferas representan el poder global, la riqueza y la influencia que se oponen a la soberanía de Dios.

Las principales esferas de soberanía que se describen en este pasaje son:

1. La Esfera de Soberanía Religiosa y Moral

• **La gran ramera** (Apocalipsis 17): Se la describe montada sobre la bestia escarlata. Esta figura simboliza la corrupción espiritual y la idolatría que se alían con el poder político. La ramera no ejerce el poder de forma independiente, sino que se asocia con el poder de la bestia, seduciendo a las naciones con su influencia. Esta esfera representa la falsa religión y la moralidad corrupta que han engañado a la humanidad y han perseguido a los santos.

2. La Esfera de Soberanía Política

• **La bestia y los diez cuernos** (Apocalipsis 17): La bestia escarlata representa un poder político global con sus diez cuernos, que simbolizan reyes o naciones. Se revela que estos poderes le dan su autoridad a la bestia. Lo más sorprendente es que estos mismos poderes políticos, en su soberanía, se vuelven contra la ramera y la destruyen cumpliendo así el propósito de Dios. Este evento demuestra que la soberanía política, aunque parezca todopoderosa, es en última instancia un instrumento del plan de Dios y es autodestructiva.

3. La Esfera de Soberanía Económica

• **Los reyes y mercaderes de la Tierra** (Apocalipsis 18): El capítulo 18 se centra en la caída de la Babilonia económica.

Los reyes, los mercaderes y los marineros lamentan la destrucción de esta "gran ciudad" porque dependían de su riqueza y sus lujos. Esta sección describe la soberanía económica de Babilonia, su vasta red de comercio y su opulencia. La caída de Babilonia simboliza el colapso final del sistema económico global que ha sido construido sobre la avaricia, la explotación y la idolatría.

En resumen, los capítulos 17 a 19 de Apocalipsis describen la caída de un sistema mundial que ejerce su soberanía a través de las esferas religiosa, política y económica. La narrativa muestra que estas soberanías son frágiles y están destinadas a ser juzgadas por la soberanía suprema de Dios.

El juicio de Babilonia culmina en la celebración del "matrimonio del Cordero" (Apocalipsis 19:6-9), que representa la victoria final de la soberanía de Dios sobre todos los reinos y poderes terrenales.

Capítulos 20-22:5 El juicio de los malvados y los justos

Los capítulos 20 a 22:5 del Apocalipsis describen la historia y el inicio de una nueva era, enfocándose en la victoria definitiva de la soberanía de Dios sobre todos los reinos y poderes terrenales y demoníacos. Aunque el texto no usa la palabra "esferas", sí describe la transformación completa de los dominios de poder.

En Juan 5, Jesus describe la primera resurrección donde da vida a la gente que cree en él. Apocalipsis 20:4-5 y 6:9-11 describen a esta gente.

Aquí se describe la evolución de las esferas de soberanía:

1. La Soberanía Durante el Milenio (Apocalipsis 20:1-6)

> • **La Esfera de la Soberanía Satánica es Neutralizada**: Se muestra al ángel que "ata a Satanás" y lo arroja al abismo por mil años. Esta acción representa una suspensión temporal pero completa del poder de Satanás para engañar a los Santos de todas a las naciones. Su soberanía maligna sobre el mundo es suspendida.

Compare Juan 5:19-47

El análisis paralelo entre Juan 5:19-29 y Apocalipsis 20:1-7 revela una relación profunda y complementaria entre la doctrina teológica y la visión profética. Ambos pasajes se centran en la autoridad y el poder de Jesucristo, pero cada uno lo hace desde una perspectiva diferente: Juan presenta el principio divino detrás del poder de Cristo, mientras que Apocalipsis describe su manifestación final en la historia.

Juan 5:19-29: El Principio de la Autoridad de Cristo

Este pasaje es una declaración de la autoridad divina de Jesús. Él explica su relación con el Padre y las bases de su poder:

> • **Dependencia y Unidad con el Padre**: Jesús afirma que *"el Hijo no puede hacer nada por sí mismo, sino lo que ve hacer al Padre"*. Esto subraya que su autoridad no es independiente, sino que es una extensión perfecta y completa de la de Dios Padre.

> • **Autoridad para Dar Vida**: Se le ha dado la potestad para *"dar vida a quienes quiere"*. Esto

es más que la vida física; es la capacidad de resucitar a los muertos espiritualmente y físicamente.

• **Autoridad para Juzgar**: Jesús declara que el Padre *"todo el juicio le ha dado al Hijo"*. Esto lo establece como el Juez supremo de la humanidad.

• **Las Dos Resurrecciones**: Jesús profetiza dos resurrecciones futuras: *"los que hicieron lo bueno, a resurrección de vida; mas los que hicieron lo malo, a resurrección de condenación"*. Esta es la base teológica del juicio final.

En esencia, Juan 5 es la doctrina del poder y la autoridad de Cristo para dar vida y juicio.

Apocalipsis 20:1-7. La Manifestación del Reinado de Cristo en el tiempo de la iglesia.

Este pasaje es una visión profética que describe la protecciòn del creyente en la iglesia, es decir, en el reinado de Cristo.

• **El Milenio**: Un ángel ata a Satanás por mil años simboliza el reino de Cristo sobre la tierra. Este es el cumplimiento del poder de Cristo para juzgar y gobernar. El ata a Satanas significa que no puede dañar los que participan en la primera resurrección, es decir, en la iglesia.

• **La Primera Resurrección**: El pasaje describe "la primera resurrección," en la que los mártires y los que no adoraron a la bestia vuelven a la vida para reinar con Cristo. Se les llama "bienaventurados y santos" y se les da la capacidad de juzgar.

• **La Exclusión de los "Otros Muertos"**: Se especifica que "los otros muertos no volvieron a vivir hasta que se cumplieron mil años". Esto implica una resurrección posterior para el resto de la humanidad.

• **El Reinado de los Santos**: Los que participan en la primera resurrección "reinarán con él mil años". Este reinado es la manifestación de su autoridad delegada.

En esencia, Apocalipsis 20 es la aplicación profética del poder y la autoridad de Cristo.

Análisis Paralelo y Conexión

Al comparar ambos pasajes, se pueden identificar los siguientes puntos de conexión y complemento:

1. Las Dos Resurrecciones:

• Juan 5 establece la teología de las dos resurrecciones: una de vida y una de condenación.

• Apocalipsis 20 proporciona el cronograma profético para estas resurrecciones: la "primera resurrección" corresponde a la "resurrección de vida" de Juan 5, y la resurrección de "los otros muertos" corresponde a la "resurrección de condenación".

2. El Juicio y el Reinado:

• Juan 5 afirma que el Padre ha dado todo el juicio al Hijo.

• Apocalipsis 20 muestra cómo se ejerce ese juicio: a través de la exclusión de los muertos no resucitados y del reinado de

Cristo y los santos sobre la tierra. El "juzgarán" que se menciona en Apocalipsis es una manifestación de "todo el juicio" de Juan.

3. La Autoridad de Cristo:

• Juan 5 describe la fuente de la autoridad de Cristo (su unidad con el Padre).

• Apocalipsis 20 describe la consumación de esa soberanía en un reinado sobre el mundo.

En conclusión, Juan 5 es el fundamento teológico y doctrinal que explica por qué Jesús tiene la autoridad para juzgar y dar vida. Apocalipsis 20 es la visión profética que revela cómo y cuándo se ejecutarán esos poderes en los eventos finales de la historia. Juntos, ofrecen una imagen completa de la soberanía de Cristo, desde su base divina hasta su manifestación gloriosa en el futuro.

Juan 5:19-47 NVI

• La Esfera de la Soberanía de Cristo y Sus Santos: Se describe que las almas de los mártires resucitan y reinan con Cristo durante mil años. Mil años según Juan 5 es el tiempo entre las dos venidas de Cristo. Este periodo simboliza el establecimiento de un nuevo tipo de gobierno en la Tierra en la iglesia, donde la soberanía de Cristo se manifiesta directamente a través de sus seguidores fieles, que participan en su reino.

1. La Soberanía en el Juicio Final (Apocalipsis 20:7-15)

• **La Destrucción Final de la Soberanía Maligna**: Tras los mil años, Satanás es liberado y se le permite reunir a sus seguidores para una última batalla. Su fracaso total y su juicio final en el lago de fuego marcan la desaparición definitiva de su esfera de soberanía para siempre.

• **La Manifestación de la Soberanía Absoluta de Dios**: El gran trono blanco es el centro de esta escena. Es el símbolo del juicio final de Dios sobre toda la creación. Cada persona, sin importar su estatus, es juzgada por sus obras. Este evento no solo juzga a los individuos, sino que también establece que la autoridad de Dios es la única soberanía legítima y final en el universo.

2. La Soberanía en el Nuevo Cielo y la Nueva Tierra (Apocalipsis 21:1-22:5)

• La Esfera de Soberanía Perfecta de Dios: La visión de la Nueva Jerusalén que desciende del cielo representa la consumación de todas las cosas. En este nuevon mundo, la soberanía de Dios es total y sin oposición. No hay más mar (símbolo de caos y mal), no hay templo (porque Dios está presente en todas partes), y no hay sol ni luna (porque la gloria de Dios es la única luz). Dios y el Cordero son el centro de este nuevo orden, lo que significa que su gobierno es absoluto y eterno.

• La Soberanía Compartida de los Redimidos: Se menciona que "sus siervos le servirán, y verán su rostro". Los redimidos participarán en el reinado de Cristo. Su soberanía no es independiente, sino que es una extensión de la de Dios, participando en su gloria y en su gobierno.

En resumen, Apocalipsis 20 a 22:5 describe una progresión de la soberanía desde un reino milenial donde el mal está atado, pasando por un juicio definitivo donde Dios afirma su autoridad absoluta, hasta culminar en una nueva creación donde la soberanía de Dios es perfecta, eterna y es la única que existe.

Epilogo de Apocalipsis 22:6-21
En el epílogo del libro de Apocalipsis, la soberanía de Cristo se presenta como la culminación de toda la historia, subrayando su autoridad final y eterna sobre la creación. Mientras que el prólogo lo presenta como el *"Soberano de los reyes de la tierra"*, el epílogo lo revela como la consumación de todas las cosas.

Títulos y descripciones en el epílogo
El capítulo 22 de Apocalipsis, en particular, utiliza varios títulos que enfatizan la soberanía y la eternidad de Cristo:

1. ***"Yo soy el Alfa y la Omega, el Principio y el Fin, el Primero y el Último"*** (Apocalipsis 1:8 y 22:13) Este título triple subraya que Cristo no solo tiene la primera palabra en la creación, sino también la última. Su soberanía no es un evento pasado o presente, sino que abarca toda la existencia, desde el principio hasta el final. Es una reafirmación de su divinidad y control absoluto.

2. ***"La raíz y el linaje de David, la estrella resplandeciente de la mañana"***: Este título conecta la soberanía de Cristo con las promesas mesiánicas del Antiguo Testamento. "La raíz y el linaje de David" lo establece como el heredero legítimo del trono davídico, cumpliendo las profecías de que un rey de la línea de David reinaría para siempre. *"La estrella resplandeciente de la mañana"* simboliza la venida de un nuevo día, el comienzo de su reino eterno y glorioso, que disipa la oscuridad y la noche.

3. ***"El trono de Dios y del Cordero"***: En la descripción de la Nueva Jerusalén, el trono compartido por Dios y el Cordero (Cristo) es la fuente de vida y autoridad eterna. Esto demuestra que la soberanía de Cristo no es un poder secundario, sino que es una soberanía compartida e indivisible con el Padre, de la cual emanan todas las bendiciones.

En resumen, el epílogo de Apocalipsis refuerza y amplía la soberanía de Cristo, no solo como el Rey sobre la tierra, sino como el eterno y último gobernante de la historia, cuya autoridad es la fuente de vida y cuya venida marca el triunfo final de la justicia y la luz sobre toda la creación.

BIBLIOGRAFÍA

Gregoria K. Beale, *Apocalipsis: un comentario más breve*, Teología para vivir, Lima, Perú, 2023.

José Grau, *Escatología*, CLIE.

José Grau, *Apocalipsis*, Ediciones Evangélicas.

Wayne Grudem, *Teología sistemática*, Vida.

Graeme Goldsworthy, *El Cordero y el León*, Torrentes de Vida, 2007.

William Hendricksen, *Más que vencedores*, Libros Desafío.

Gordon Fee, *Apocalipsis, Audio de la clase*, Regent College, Vancouver Canadá.

Simón Kistemaker, *Comentario al Nuevo Testamento: Apocalipsis*, Libros Desafío.

Juan C, Kennington, *Apocalipsis: lo que tiene que suceder pronto*, Kindle, 2013.

David Koyzis, *Visiones e Ilusiones Politicas: Un analisis de las ideologías políticas contemporáneas*, IVP, Downers Grove, Ill, 2019, 2003.

John Lennox, *God, AI and the End of History*, Kindle.

Robert Mounce, *Apocalipsis* CLIE.

Kim Riddelbarger, *The case for Amilenialismo.*

www.ingramcontent.com/pod-product-compliance
Lightning Source LLC
Chambersburg PA
CBHW031134250726

48655CB00002B/670